Der Mensch zwischen Geist und Welt

Carl Welkisch 1972

Aufnahme von Edmund Mangelsdorf

Carl Welkisch

Der Mensch zwischen Geist und Welt

REICHL VERLAG
DER LEUCHTER
ST. GOAR

Umschlag: Ausschnitt aus einem Originalfoto von Karl Jud, Zürich, mit frdl. Genehmigung des Flamberg Verlages, Zürich

Die fremdsprachigen Ausgaben von *Der Mensch zwischen Geist und Welt*
Englisch: *Man between spirit and world*
Italienisch: *L' essere umano tra spirito e mondo*
Spanisch: *El hombre entre el espíritu y el mundo*
Niederländisch: *De mens tussen geest en wereld*
Polnisch: *Człowiek pomiędzy duchem i światem*

können von Kunden innerhalb Deutschlands bestellt werden beim
Geistfeuer Verlag, Mühlbachstr. 43, 88662 Überlingen
Tel. 07551-62951 - E-mail: post@geistfeuer-verlag.de

Bestellungen der fremdsprachigen Ausgaben von außerhalb Deutschlands werden ausgeliefert durch den
Reichl Verlag, Auf dem Hähnchen 32, 56329 St. Goar
Tel. 06741-1720 - E-mail: post@reichl-verlag.com

1-3. Tsd. 1976
7.-8. Tsd. 1991
9.-10. Tsd., 4. Aufl. 2000
11.-12. Tsd. 5. Aufl. 2026

Satz: textwerkstatt Jochen F. Uebel, Sulzburg
Gesetzt aus der Garamond 3, der Adobe Garamond Expert

Druck und Bindung: Scandinavianbook, Bremen
Gedruckt auf alterungsbeständigem Papier : Munken 100 g 1,5fach

ISBN 978-3-87667-044-7

Inhalt

Vorwort

Aus innerem Antriebe komme ich einem vielfach geäußerten Wunsche nach und fasse hier meine Erkenntnisse von der Entwicklung zusammen, die jeder Mensch zu durchlaufen hat. Sie sind zum größten Teil bereits in meinem Lebensbericht »Im Geistfeuer Gottes« veröffentlicht.

Carl Welkisch

Anmerkung zur 3. Auflage

Die Neufassung des Hauptwerkes von Carl Welkisch erschien im Otto Reichl Verlag unter dem Titel »Im Geistfeuer Gottes – Neufassung 1979«*.

Am 9. August 1984 ist Carl Welkisch heimgegangen. Aus seinem Nachlaß sind inzwischen im Geistfeuer Verlag Gabriele Beyer, Überlingen, »In der Liebesglut Gottes« und »In den Fußstapfen Christi« erschienen.

---

* Seit 1990 im Geistfeuer Verlag

Mein Lebensweg

Mein Erdenweg begann am 14. Dezember 1888 in dem kleinen Ort Gloden (Provinz Posen) im Osten des damaligen Deutschen Reiches. Mein Vater war dort Lehrer, und wenn er im Familienkreise aus der Bibel vorlas, machte das tiefen Eindruck auf mich und brachte mir die ersten hellsinnlichen Erlebnisse der himmlischen Welt. Im Alter von sieben Jahren hatte ich, obwohl noch ein Kind, ein Gotteserleben von solcher Klarheit und Eindringlichkeit, daß es mir auch jetzt – nach fast acht Jahrzehnten – noch ganz gegenwärtig ist. Ohne Einzelheiten zu enthüllen, verhieß es mir, daß ich Gottes Kraft und Liebe in die Erdenwelt bringen solle. Von diesem Erleben sprach ich zu niemandem. Während der Schulzeit und der kaufmännischen Lehre hat man mir äußerlich nicht angemerkt, daß ich viele übersinnliche Erlebnisse hatte und mich immer unter der Führung durch Christus wußte.

Obwohl ich durch die damals langen Arbeitsstunden im Ladengeschäft jeden Tag sehr erschöpft war, verspürte ich immer stärker die innere Mahnung, mich dafür bereit zu halten, was Gott mir auftragen werde. Aber erst nach dem Tod meines Vaters im Jahre 1907 gab ich die von ihm gewünschte berufliche Laufbahn auf. Und erst der Rat eines Heilmagnetopathen, der mich von quälenden Beschwerden befreite und meine besondere Heilergabe erkannte, brachte mich in die berufliche Tätigkeit, welche der Forderung seitens der inneren Führung entsprach. 1910 begann ich eine Praxis in Bromberg und verlegte sie 1912 – nach einer zusätzlichen Ausbildung im Hellfühlen bei Carl Huter – nach Breslau.

Während des ersten Weltkrieges wurde ich durch mehrfaches überraschendes Eingreifen der geistigen Welt wie auch durch mein striktes Befolgen ihrer Weisungen vor dem Militärdienst bewahrt, welcher meine Aufnahmefähigkeit für das Erleben Christi unweigerlich zerstört hätte. Gerade in dieser Zeit hatte ich mehrere große Christus-Erlebnisse, die meine Aufgabe von Mal zu Mal deutlicher hervortreten ließen: ich sollte auch meinen irdischen Leib von Gottes Kraft durchdringen und vergeistigen lassen.

Wie stark sich mein Weg, auf den ich von Christus immer eindeutiger hingeleitet worden war, von dem Wege anderer Mystiker unterschied, das erkannte ich aus deren Schriften, die ich in den Jahren nach meinen entscheidenden Erlebnissen allmählich kennenlernte. Ich fand in ihnen manche Bestätigung, ließ mich aber nicht beirren, wenn meine eigene Erkenntnis von der ihren abwich.

Im Laufe der Jahre ging ich von der offenen Praxis zu Fernbehandlungen mit Lebenskraftstrahlung über, was mir dann auch längere Abwesenheit von Breslau erlaubte. So war ich 1925 mehrere Monate lang in den Vereinigten Staaten und seit 1928 immer wieder längere Zeit in Meran. 1927 erschien mein Buch »Vergeistigung« im Otto Reichl Verlag, Darmstadt. 1928 zogen wir von Breslau nach Berlin, auch darin einer höheren Weisung folgend. So hatte ich bei Beginn der nationalsozialistischen Herrschaft meinen Wohnsitz in Berlin. Im Dezember 1934 wurde ich bei einem Besuch in Breslau verhaftet und im April 1935 vom dortigen Gefängnis in das Konzentrationslager Columbiahaus in Berlin gebracht. Eine Anklage ist nie erhoben worden; im Oktober 1935 wurde ich aus der Haft entlassen. Vor meiner Verlegung von Breslau nach Berlin hatte ein mich zutiefst erschütterndes Erleben Gottes mich erkennen lassen, daß diese furchtbare Leidenszeit gottgewollt war.

Nach einem Aufenthalt in Schweden vom Juli 1939 bis zum April 1940 lebte ich in ländlicher Einsamkeit auf dem Gute eines Freundes in Schlesien, bis wir Anfang 1945 durch die herannahende Front vertrieben wurden. Es gelang uns aber nicht, nach Westen zu entkommen, und so hatten wir alle Schrecken russischer und polnischer Besatzung in einer ärmlichen Notunterkunft durchzustehen, bis wir im Sommer 1947 aus Schlesien ausgewiesen wurden und schließlich in Westdeutschland ankamen. Auch diese lange Zeit äußerer Not und gleichzeitiger innerer Verlassenheit gehörte nach Gottes Willen zu meinem mystischen Weg. Seit 1949 lebe ich am Bodensee.

Überlingen, im März 1975
Carl Welkisch

Einleitung: Vom Sinn der Mystik

Wozu lebt der Mensch? Eine Frage, die über das tägliche Leben, ja über das Erdenleben überhaupt, hinausweist. Mit den Kräften seines Verstandes erkennt der Mensch zwar, daß es eine Evolution des Lebens auf der Erde und eine Geschichte der Menschheit gegeben hat, wie auch, daß er selbst in einer Entwicklung steht; aber mit ihnen vermag er nicht zu ergründen, wie diese Entwicklungen in Gang gesetzt wurden und wohin sie führen. Aus seinem Inneren kommt ihm jedoch die Ahnung, daß es eine übergeordnete Intelligenz geben müsse, und seit seiner Frühzeit hat er gesucht, Kenntnis von ihr zu erlangen und mit ihr in Verbindung zu treten.

Es waren und sind immer nur wenige in ihrem Innenwesen aufgeschlossen und begnadet genug, um das Wesen und Wirken der übergeordneten Macht zu erfahren. Sie sind als Weise, als Priester, Propheten, Ordensgründer aufgetreten oder haben ganz in der Stille und Zurückgezogenheit die völlige Hingabe an jene Macht vollzogen, die seit langem Gott genannt wird. Diejenigen unter ihnen, denen ein unmittelbares Erleben Gottes zuteil wird, heißen Mystiker. Als menschliche Wesen sind sie nicht anders organisiert als ihre Mitmenschen. Was sie von diesen unterscheidet, ist lediglich die Fähigkeit, das, was ihr Innenmensch auf geistigen Ebenen erlebt, auch mit ihrem äußeren Verstande zu erfassen und zu begreifen. Dieser besonderen Fähigkeit der Mystiker verdankt die Menschheit die Einblicke in die Zusammenhänge des Seins. Nur der von Gott erleuchtete Verstand kann die Frage nach dem Sinn menschlicher Existenz beantworten.

Mystiker kann man nicht aus eigenem Entschluß werden, wie man Lehrer oder Richter, Landwirt oder Handwerker wird. Mystiker ist ein Mensch kraft göttlicher Berufung oder er ist es nicht. Das notwendige Rüstzeug für seine besondere Aufgabe bekommt er als Veranlagung mit auf den Lebensweg. Die Aufgaben, welche die Mystiker erhalten, wenn sie einmal nach leidvoller Entwicklung die Gottverbundenheit erreicht haben, sind sehr verschiedene. Alle aber haben Gottes Kräfte in die irdische Welt zu leiten, damit sie hier, ohne die naturgesetzliche Ordnung zu stören, ausgleichend und helfend einwirken können. Nur einzelne Mystiker haben eingehende Belehrungen zu vermitteln, alle aber geben Zeugnis von der Liebe Gottes.

Von meinem eigenen Weg habe ich in dem Buche »Im Geistfeuer Gottes« berichtet. Auf den folgenden Seiten soll deshalb von meinen inneren Erlebnissen weniger die Rede sein als von den errungenen Einsichten, welche die eingangs gestellte Frage beantworten und anderen bei der Gestaltung ihres Lebens eine Hilfe bieten können.

Der Mensch als Drei-Einheit

Was ich hier über das Wesen des Menschen auszusagen habe, ist insofern etwas Besonderes, als es auf unmittelbarer Wahrnehmung beruht, die ich in bewußtem Erleben habe machen können. Ich trage also keine gedanklichen Folgerungen vor wie der Philosoph, der Theologe oder der Psychologe, wenn diese ihre Erkenntnisse über das Wesen des Menschen auseinandersetzen. Ich spreche als Mystiker. Doch sehe ich mich veranlaßt, mit allen anderen Mystikern in die Klage einzustimmen, daß menschliche Worte nur schlecht geeignet sind, den zu mystischem Erleben nicht befähigten Mitmenschen etwas von solchen Erlebnissen mitzuteilen. Wenn der Mystiker trotzdem versucht, seine Einsichten in Worte zu fassen, so nimmt er den Mut und die Berechtigung dazu aus seinem Wissen um die Menschennatur, welche sich aus verschiedenen Wesensschichten aufbaut und in allen Menschen die *gleiche* ist.

Ich schildere den Menschen, wie ich ihn erlebe, als eine *Drei-Einheit*, bestehend aus Körper, Seele und Geist, und bestätige damit eine schon sehr alte Erkenntnis, die jedoch über lange Zeiten hin zurückgedrängt worden ist.

Man sah den Unterschied zwischen Seele und Geist nicht mehr und begnügte sich damit, den Innenmenschen dem physischen gegenüber zu stellen, die Seele dem Körper, das Unterbewußtsein dem Wachbewußtsein. So konnte der Gedanke einer gegenseitigen *Ergänzung* der drei Wesensschichten zu der Einheit »Mensch« nicht zur Geltung kommen.

Der *Körper* ist der wissenschaftlichen Forschung weitgehend zugänglich und ist auch bereits gründlich durchforscht worden. Jeder unterrichtete Mensch weiß heute, daß er als das Ergebnis einer Entwicklung aufgefaßt wird, welche sich bei der Entstehung jedes neuen Einzelwesens wiederholt, von der befruchteten Eizelle ihren Ausgang nimmt und durch fortgesetzte Zellteilungen schließlich zur Bildung der bekannten menschlichen Gestalt führt. Der Körper besteht aus vielen Billionen mikroskopisch kleiner Zellen, welche zu einem durch höchste Weisheit geordneten Ganzen verbunden sind.

Die *Seele*, dem Namen nach jedem geläufig, ist nach Wesen und Erscheinung noch recht umstritten, da sie den Sinnen des Körpers nicht unmittelbar wahrnehmbar ist. Für mein geistiges Wahrnehmungsvermögen ist sie ein greifbar gegenständliches Wesen von der gleichen Gestalt wie der zu ihr gehörige Körper und diesem bis in alle Einzelheiten ähnlich. Im neugeborenen Kinde ist sie so klein wie der kindliche Körper und wächst und entwickelt sich mit diesem. Sie bleibt ihm während des Lebens durch ein feinstoffliches Kraftfeld eng verflochten, in welchem ein ständiger Strahlungsaustausch vor sich geht. Dennoch behält die Seele ein Eigendasein und eine gewisse Selbständigkeit, so daß sie gelegentlich als sogenannter Doppelgänger neben dem Körper auftreten kann. Erst recht beweist sie ihr selbständiges Dasein bei und nach dem Tode des Körpers, indem sie sich dann ganz von ihm löst und auch ohne ihn ungeschmälert weiterbesteht.

Die abgeschiedene Seele will der allein auf der Erfahrung der Körpersinne fußende Verstand nicht recht als eine Wirklichkeit gelten lassen; so kann sich auch die Wissenschaft bisher nicht dazu verstehen, anzuerkennen, daß die Seele als ein eigenbewußtes Wesen von gleicher Gestalt wie ihr abgelegter Körper fortbestehe. Im Volksglauben aller Religionen jedoch spricht man mit Selbstverständlichkeit von ihr und nennt sie kurzerhand den Geist des Verstorbenen. Auch ich muß nach dem üblichen Sprachgebrauch die Seele ein Geistwesen nennen; doch wenn ich von dem Geiste des Menschen spreche, dann meine ich etwas grundverschieden Andersartiges.

Der *individuelle Geist* des Menschen hatte vor seinem Erdendasein mit dieser Welt nichts zu tun, sondern kommt aus geistigen Reichen zur Erde herab. Die unirdische Herkunft des Geistes gibt sich mir am deutlichsten kund am neugeborenen Kinde. Im Gegensatz zur Seele, die klein und unvollkommen ist wie der kindliche Körper, ist der dazugehörige Geist ein ausgewachsener geistiger Mensch. In jedem Lebensalter des Menschen wird mir sein Geist nicht nur als die unverwechselbare individuelle Strahlung, sondern als wirkliche Gestalt wahrnehmbar, deren dunklere oder lichtere Erscheinung ganz von dem Maße seiner Gottverbundenheit bestimmt ist. Seine Selbständigkeit gegenüber Seele und Körper zeigt sich darin, daß die Geistgestalt häufig dann bei mir erscheint und meine Aufmerksamkeit fordert, wenn der betreffende Mensch sein Denken völlig auf die gerade zu leistende Arbeit konzentrieren muß oder wenn er schläft.

So stehen in meiner Wahrnehmung drei verschiedene Menschen ineinander, der körperliche, der seelische und der geistige Mensch, zu einer Lebensgemeinschaft verbunden. Sinn und Ziel ihres Daseins ist ihre völlige *Einswerdung*. Von einer solchen sind sie in fast allen Erdenmenschen noch unendlich weit entfernt; nur in einzelnen Mystikern und Heiligen kommen sie ihr hier schon ein Stück näher. Aber die Zusammenfassung der drei so verschiedenen Wesensschichten zu einer Lebensgemeinschaft ist von der Geburt an unauflösbar. Fragen wir, welchem Zwecke sie dient, so läßt sich das mit dem Worte »Vergeistigung« umschreiben. Darunter verstehe ich das ordnungsmäßig fortschreitende Verschmelzen der zunächst auf lange Zeit noch ziemlich selbständigen Wesensteile, das Aufgehen von Seele und Körper in ihrem wiedergeborenen Geiste bis zum endlichen Erreichen der Gotteskindschaft.

Der individuelle Menschengeist

Welcher Mensch könnte wissen, was das Wesen des Menschen ist, wenn es nicht in seinem Innern den menschlichen Geist gäbe? So hat auch niemand je erkannt, was Gottes Wesen ist, außer durch Gottes Geist. Wir aber haben nicht den Geist der Welt empfangen, sondern den Geist, der von Gott kommt. Durch ihn sollen wir erkennen, was uns von Gott geschenkt ist.

1. Kor. 2, 11-12
(Übersetzung von Ulrich Wilckens, 1970)

Schon in früher Kindheit hatte ich meinen Geist als ein im Mannesalter stehendes, vollendetes Einzelwesen ahnend wahrgenommen. In dem großen Ringen um meine Vergeistigung war dann das erstmalige bewußte Wahrnehmen meines Geistes in Person ein entscheidender Abschluß. Wie ein fremdes, hohes geistiges Wesen trat er mir entgegen, bis ich ihn erkannte als mein innerstes Ich in Gestalt des geistigen Menschen und in unverkennbarem Unterschied zur Seele. Von da an nahm ich den Individualgeist auch in anderen Menschen wahr und erkannte zweifelsfrei die tiefen Zusammenhänge zwischen Körper und Seele des betreffenden Menschen und seinem Geiste. Nun wußte ich, was ich immer schon gefühlt hatte, daß der Geist des Menschen sich nicht erst aus geistigen Keimen dieser Erde zur Individualität entwickelt, sondern in geistigen Reichen ein individuelles Vorleben in menschlicher Gestalt hat.

Die Vorstellung einer Gestalt wird allerdings mit dem Worte »Geist« dort nicht verbunden, wo vom Geiste einer Gemeinschaft, eines Landes, eines Zeitabschnitts oder vom »Wehen des Geistes« gesprochen wird. Andererseits sind alle als Person geschaffenen Geister eigenständige Einzelwesen von menschlicher Gestalt.

In Gott, dem Quell und Ursprung allen Lebens, haben auch die Menschengeister ihren ersten Anfang genommen; doch haben ihrer wenige sich die völlige Reinheit zu bewahren vermocht. Die allermeisten sind mehr oder weniger tief gefallen, indem sie ihrem Eigenwillen Raum gaben und aus Mangel an Demut es nicht vermochten, ihr Wollen dem Willen Gottes unter- und einzuordnen. Einen wahrhaft freien Willen hat allein der Allmächtige Gott. Für seine Geschöpfe kann es daher eine gleiche Willensfreiheit nur geben, wenn ihr Wollen mit dem Willen Gottes die gleiche Richtung hält. Denn ebendieselbe Gesetzmäßigkeit, welche dem göttlichen Willen die unbedingte Freiheit gewährleistet, setzt dem Willen, welcher die göttliche Lebensordnung mißachtet, unverrückbare Schranken, welche um so enger und unbequemer für ihn werden, je stärker die Richtung seines Wollens von der des göttlichen Willens abweicht. Statt in die Freiheit zu gelangen, gerät der selbstherrliche Wille in immer stärkere Gebundenheit; auf diese Weise wurde der einstige Lichtträger Luzifer zum Fürsten der Finsternis und sein Lichtgewand zur groben Materie, die auf unserer Erde die größte Dichte und damit den bisher tiefsten Punkt der Gottferne innerhalb der Schöpfung erreicht hat. Die Überlieferungen vom Falle Luzifers und vom Sündenfall im Paradies sind als Berichte nicht über geschichtliche Ereignisse im irdischen Bereich, sondern über die Vorgeschichte des geistigen Menschen aufzufassen. In ihnen werden Gesetze und Sinn der menschlichen Existenz begreifbar.

Sobald die irdische Evolution, die Stammesgeschichte von Pflanze und Tier, jenen Punkt erreicht hatte, wo der irdisch-natürliche Mensch fähig war, die Wirkungen eines individuellen Geistes, der eine eigene Entwicklung in geistigen Reichen zurückgelegt hatte, aufzunehmen und zu verarbeiten, kam es zur Inkarnation von Individualgeistern. Wie tief die Geister auch im jenseitigen Leben in ihr Eigenes geraten, wie sehr sie auch aus dem Gleichklang ihres Wollens mit dem göttlichen Willen herausgefallen sein mögen, alle sind sie dazu berufen, über die im Erdenleben beginnende Entwicklung Gottes Kinder zu werden. Denn selbst bei den sehr tief gefallenen Geistern geht ihrem innersten Lebensmittelpunkt, dem Gottesfunken in ihrem Herzen, die Verbindung mit Gott nie verloren. Mit Seele und Körper zusammengeschmiedet, findet der Geist sich in einer Gebundenheit, die in stärkstem Gegensatz steht zu seiner bisherigen Freiheit. Diese Erfahrung soll ihm zu der Erkenntnis verhelfen, daß nur die Rückwendung zu Gott als dem Ursprung ihm die Freiheit wiedergeben und seine Entwicklung zu dem ihr gesetzten Ziele führen kann.

Ich habe Geister erlebt, welche noch nicht Mensch gewesen waren, aber vor ihrer Menschwerdung standen und denen Gelegenheit gewährt wurde, durch mich die irdische Welt, den Schauplatz ihres in Aussicht stehenden Erdendaseins, wahrzunehmen. Ich erlebte dabei ihr Erschrecken und Erschauern vor den Mißhelligkeiten und Widerwärtigkeiten unserer Erdenwelt, zugleich aber ihre Ehrfurcht vor dem unermeßlichen Werte, den ein erfolgreich zurückgelegter Erdenweg zeitigt. Aus eigener Erfahrung weiß ich, daß jeder Menschengeist sich aus freiem Willen zu seinem Erdenwege entschließt. Danach erhält er eine im Werden befindliche Menschenseele zu ihrer weiteren Ausgestaltung. Im Augenblick der Zeugung übernimmt der Geist dann die Obhut über den Keim seines werdenden natürlichen Menschen, speist diesen auch nach der Geburt aus seiner Lebenskraft und leitet die Entwicklung von Seele und Körper, ohne sie je wieder aus der Hand zu lassen. Der Geist ist das innerste Selbst im Menschen, während der Schutzgeist (Schutzengel) eine andere geistige Persönlichkeit ist, die dem Menschen für sein Erdenleben zugeordnet wird.

Aus dem Licht und der Freiheit des Lebens in geistigen Reichen kommend, steigen die Geister ins Fleisch; Körper und Seele aber entstammen der Erdenwelt und stellen dem Geiste gegenüber eine geschlossene Einheit dar. Diese Körper-Seele-Einheit des natürlichen Menschen ist nach dem Plane der göttlichen Vorsehung dem individuellen Geiste so angepaßt, daß sie in den Fähigkeiten und Charakterzügen alles das in sich trägt, was ihm für seinen Erdenweg dienlich ist. Schwächen und Mängel von Körper und Seele sollen den Geist zu vermehrter Aktivität guten Wollens und Strebens nötigen. Die irdischen Hüllen überschatten ihm das Wissen um seine eigene Herkunft so weit, daß in ihm von seiner Beziehung zu höheren Welten nur eine Ahnung lebendig bleibt. Aus dieser keimt und wächst mehr und mehr ein Sehnen nach seiner wahren Heimat in dem Maße, wie die Lebenserfahrung den Menschen allen Erdenglanz und alles Erdenglück als Trug und Täuschung erkennen läßt.

Um in die wahre Heimat zurückkehren zu können, muß der Menschengeist sich zuvor in seiner Liebe wandeln. Denn sein Wesen ist Liebe, und jeder Geist läßt in seiner Strahlung seine eigene, persönliche Liebe erkennen. Von der selbstlosen Liebe ihres einstigen Ursprunges haben die meisten Geister im vorgeburtlichen Dasein mehr oder weniger eingebüßt, je nachdem, wie stark in ihnen die Eigenliebe die Liebe zu Gott verdrängt hat. Zwischen der reinen Gottesliebe der Geister aus den höchsten Sphären und der ausgeprägten Selbstliebe luziferischer Geister gibt es zahllose Abstufungen. Menschen göttlich reinen Geistes sind auf Erden sehr große Ausnahmen. Alle nicht rein gebliebenen Geister müssen zur Gottverbundenheit zurückfinden, sie müssen umgewandelt, »neu-geboren« werden aus der Kraft des göttlichen Geistes. Eine solche »Wiedergeburt« (nicht etwa eine Wiedereinkörperung) des Individualgeistes ist der erste entscheidende Schritt zur Erlangung der Gotteskindschaft, und der Mensch muß sich in demütiger Hingabe an den Willen Gottes dazu bereit finden, daß sie an ihm geschehe. Selbst kann er die unumgänglich notwendige Wandlung nicht vollziehen; sie ist ein Wirken Gottes, dem er nur helfend entgegenkommen kann.

Nicht nur der Geist muß seine Eigenliebe aufgeben, sondern auch die Seele muß sich ihrem Geiste öffnen und mit seiner Liebe Schritt halten. Denn der Geist kann, zum mindesten im geistig gesunden Menschen, seine Liebe nur entfalten in ständigem Zusammenspiel mit seiner Seele. In der Liebe ergreift der Geist die Seele mit größerer Gewalt als je sonst. Das, was der Mensch als Liebe empfindet, ist ein Geschenk seines Geistes. Gefühle und Triebe kommen aus der Seele, die Liebe aber kommt aus dem Geist. Das Hochgefühl, das der Liebende empfindet, rührt daher, daß der Geist die Seele mit seinem hohen Empfinden durchstrahlt. Jede Liebesverbindung, jedes Liebeserleben ist von Bedeutung sowohl für die Seele als auch für den Geist. Läßt dieser sich vom Begehren von Seele und Sinnen überwältigen, so sinkt seine Liebe nach der Seite der Eigenliebe; erliegt er solchem Begehren nicht, so erfährt seine Liebe eine Stärkung nach der Seite der selbstlosen Liebe. Strebt der Mensch mit vollem Ernst danach, dem Liebesgebote Christi zu folgen, so öffnet sich sein Geist mehr und mehr dem Geiste Gottes, aus dessen Kraft er »von neuem geboren wird« (Joh. 3, 5).

So gewandelt soll der Geist im Menschen zum Führer zu Gott werden. Seele und Leib, den ihm zugewiesenen Anteil luziferischen Erbes, soll er mit sich emporheben und ihn aus dem Banne der Gottferne erlösen, indem er diese seine Gewänder immer stärker und tiefer mit seiner Strahlung durchdringt und ihr eigenwilliges, in Selbstliebe befangenes Wesen allmählich angleicht seinem eigenen Wesen, welches dem tiefsten Ursprunge nach selbstlose göttliche Liebe ist. Das aus eigenem Bemühen zu vollbringen, dazu ist die erlösende Kraft der selbstlosen Liebe in den Menschengeistern viel zu gering; deshalb bedürfen sie dazu der Mitwirkung und Hilfe der

Liebeskraft Gottes. Sich dieser zu öffnen und sie in solcher Fülle in sich einzulassen, daß mit ihrer Hilfe die Seele und – im Verlaufe weiterer Entwicklung – schließlich auch der Leib umgewandelt und vergeistigt werden kann, das vermag nur ein geläuterter Geist. Darum ist das Streben nach der inneren Erneuerung, der geistigen Wiedergeburt die dringendste und wichtigste Aufgabe des Menschen. Erlangt er sie, so ist die Grundlage zur Wiedergewinnung der Gotteskindschaft gelegt. Das Streben nach der Wiedergeburt aber muß nicht nur vom Willen des Geistes getragen werden, sondern zugleich vom Willen der Seele.

Die Seele

Die Seele bildet die Mitte des Menschwesens und ist die Mittlerin zwischen dem Geiste und dem Körper, zwischen Innenwelt und Außenwelt, an denen beiden sie Anteil hat. Da eine unmittelbare Einwirkung des Geistes auf den Körper gar nicht möglich ist, ohne ihn in seinem Bestande zu gefährden, steht zwischen ihnen als vermittelndes Bindeglied die Seele. Sie wächst mit dem Körper heran, woraus mit Selbstverständlichkeit folgt, daß sie nicht in irgendeinem besonderen Organ ihren Sitz hat, sondern dem ganzen Körper bis in die letzte Faser hinein verwoben ist. Daraus folgt weiter, daß sie die gleiche Gestalt haben muß, ja alle besonderen Eigentümlichkeiten der körperlichen Erscheinung als unverkennbare Ähnlichkeit wiederholen wird.

Der Feinstoffkörper der Seele (Seelenleib) kann allerdings im Schlafe, bei Bewußtlosigkeit oder unter Hypnose aus dem physischen Körper austreten, ja er kann sich, wenn die Verbindung mit dem eigenen Geist stark genug ist, vom physischen Körper entfernen (Astralreisen, Bilokation). Solange die »silberne Schnur« unverletzt bleibt, strömt die aus dem Geist kommende Lebenskraft in das dem Körper eng verflochtene feinstoffliche Kraftfeld und erhält den Körper am Leben. Der Körper empfängt nicht nur die geistige Lebenskraft durch Vermittlung der Seele, ohne die Seele ist er empfindungslos und bewegungsunfähig, ohne sie kann er nicht einmal bleiben, was er ist. Der entseelte Körper ist unwiderruflich dem Zerfall in der Verwesung ausgeliefert.

Aufgebaut wird die Seele aus einer Vielzahl von Einzelteilen verschiedener Herkunft. In der Natur steigt das seelische Leben wie auf einer Stufenleiter aufwärts, indem durch immer weitere Zusammenfassung der verschiedenartigsten seelischen Substanzen aus niederen Lebewesen immer vollkommenere Seelen höherer Gattungen gebildet werden. Auch aus dem seelischen Gehalt von Mineralen und Pflanzen dürften einzelne Partikel in die Seele höherer Lebewesen gelangen. Die Tierseelen erfahren in den unzähligen Entwicklungsstufen von einfachen Lebensformen bis zu den höchsten Säugetieren eine sehr große Steigerung sowohl ihrer Gestalt als auch ihrer Fähigkeiten. Und die Tierseelen sind Vorstufen der Menschenseele.

Oft erkenne ich deutlich, welche Art Tierseelenteile in der Seele eines mir begegnenden Menschen vorherrscht. Die in Form und Ausdruck des Gesichts so oft mehr oder weniger hervortretende Tierähnlichkeit bei Menschen ist aus dem Anteil von Tierseelenteilen in ihrer Seele zu erklären. Aus ungenügend geistgeläuterten, von Tieren herstammenden Seelenteilen kommen zuweilen überraschend, ja erschreckend ungewöhnliche und abwegige Triebregungen, denen der Mensch, welcher sie in sich aufsteigen fühlt, ratlos und oft genug entsetzt gegenüber steht. In meiner ausgedehnten Praxis als geistiger Heiler und seelischer Berater sind mir zahlreiche derartige Fälle bekannt geworden. Durch meine Kenntnis der Zusammenhänge war ich in der Lage, gar manchem geängstigten Menschen Trost und Hilfe zu vermitteln. Solche als krankhaft oder entartet geltenden Triebregungen kommen in gleicher Weise am ehesten zu Tage sowohl bei ganz primitiven, stumpfen, in einer noch tierähnlichen Triebhaftigkeit gleichgültig dahinlebenden als auch gerade bei ganz besonders hoch-intellektuellen Menschen, welche über der Ausbildung und Pflege ihrer Verstandesfähigkeiten keine Zeit gefunden haben, sich um den inneren Ausgleich ihrer seelischen Gefühlswelt zu kümmern.

Die Menschenseele ist jedoch nicht bloß eine Zusammenfassung von Tierseelenteilen. Von den hohen Geistern, welche die Entwicklung leiten, werden ätherische Substanzen aus dem Kosmos hinzugefügt. Und auch die irdische Natur liefert einen weiteren Beitrag zur Menschenseele aus ihrem seelischen Bereiche. Darin gibt es seelische Wesen, welche ohne grobstofflichen Körper leben und schon Menschengestalt haben; sie stellen einen Zwischenzustand zwischen Tier- und Menschenseele dar. Jeder kennt sie als Gestalten der Märchenwelt; sie führen ein Dasein dem menschlichen Erdenleben ähnlich, haben Verstandesfähigkeiten und Bewußtsein und werden schließlich auch Bestandteile von Menschenseelen.

Die Seele ist also zusammengefügt aus vielen Einzelteilen seelischer Substanz aus der natürlichen und der kosmischen Welt. Ein einheitliches Wesen aber wird sie erst durch die Verbindung mit einem Individualgeist, der ihr zur Eigenständigkeit verhilft und sie unter Einbeziehung der von den Vorfahren herkommenden Anlagen ausgestaltet. Unter seiner Leitung entwickeln sich mit dem Heranwachsen im gesunden Kinde Verstand und Gemüt. Dazu empfängt die Seele von ihrem Geiste – als Mitgift sozusagen – das Ichbewußtsein, die Vernunft und die Fähigkeit zu höheren Gedankengängen und Schlußfolgerungen. Soweit der Mensch über diese Fähigkeiten seiner Seele verfügt, nimmt er sie als selbstverständlich hin. Dank ihrer ist er in der Lage, sich in der ihn umgebenden Außenwelt zu behaupten, ja sogar das Naturgeschehen in mancher Hinsicht zu steuern und zu beherrschen.

Die Seele ist diejenige Wesensschicht des Menschen, in welcher er alle Einflüsse und Einwirkungen empfängt und verarbeitet, die aus dem ganzen Lebenszusammenhang, in den er gestellt ist, pausenlos auf ihn eindringen. Sie werden ihr zum Teil durch die Sinne des Körpers vermittelt, erreichen aber auch dann nicht immer das Bewußtsein. Schwingungen, welche die Seele ohne Vermittlung der Körpersinne aufnimmt, weil sie innerhalb des Bereiches ihrer eigenen Schwingungsfrequenz auf sie zukommen, bleiben meistens unbewußt oder berühren die Bewußtseinsschwelle nur im Traum. Allerdings verfügen manche Menschen über Medialität oder sogar über ausgesprochen hellsinnliche Fähigkeiten, wodurch ihnen mehr aus diesem Schwingungsbereich bewußt wird. Was außerhalb der Grenzen ihres Schwingungsbereiches liegt, das erreicht die Seele nur über die Strahlung, die von ihrem Geiste her in sie eintritt. Denn auch der Geist findet Auswirkung und Ausdruck durch die Seele, in dem Maße, in dem er sie durchstrahlen kann.

Auf all dieses vielfältige Erleben reagiert die Seele mit Gefühlen der Freude, des Behagens, der Angst oder des Schmerzes. Nur ein Ausschnitt aus dem gesamten Erleben tritt jeweils über die Bewußtseinsschwelle in das Tagesbewußtsein ein. Hier erst kann der Verstand sich mit ihm auseinandersetzen. Er beherrscht also einen begrenzten Bereich, steht aber so im Vordergrund, daß der Mensch nur allzu lèicht geneigt ist, seinen Intellekt für das allein Maßgebende und Entscheidende zu halten, ja ihn einfach dem gleichzusetzen, was er »Geist« nennt. Das verführt ihn auch dazu, die leise Stimme des Gewissens zu überhören, mit der sich der Geist in der Seele vernehmen läßt.

Gemeinhin weiß der Mensch nichts von seinem Geiste und kennt die wahre Quelle seines höchsten und bedeutendsten Erlebens nicht. Nur der Geist aber ist es, der dank seiner hohen Schwingungsfrequenz die Einstrahlungen aus den höheren Ordnungen aufnehmen kann, nur er kann der Erleuchtung durch den göttlichen Geist teilhaftig werden. Je tiefer der Geist in die Seele einzudringen vermag, je besser empfangsbereit die Seele für sein Einfließen ist, um so höher ist das Erleben und um so tiefer sind die Erkenntnisse, die dem Bewußtsein vermittelt werden. Fließen so die Schwingungsbereiche des Geistes und der Seele ineinander, so kommt es zu der »Erweiterung des Bewußtseins«, die von indischen und theosophischen Lehren angestrebt wird. Auf dem Wege des rationalen Denkens ist sie nicht zu erreichen, wie der Mensch auch das Leben nicht allein mit der Kraft seines Verstandes meistern kann.

Willensfreiheit und Gebet

Bis der Geist in die Seele einstrahlen und das Bewußtsein erleuchten kann, ist es der Wille der Seele, welcher die Entscheidungen für das menschliche Streben und Handeln trifft. Unbeschränkt ist dieser Wille zwar nicht, eine Grenze setzt ihm schon das Verflochtensein von Seele und Körper. Es gibt Körperfunktionen, die unabhängig vom Willen ablaufen. Schmerzempfindungen und Hungergefühl kann man nicht willensmäßig beseitigen, man kann sie höchstens zurückdrängen. Vor allem kann der menschliche Wille die ständige Zufuhr von Lebenskraft aus dem Geist über die Seele in den Körper nicht unterbrechen. Ihm steht es nur frei, den Körper zu zerstören, um dessen Leben zu beenden, sich selbst, die Seele, aber zerstört er damit nicht. Auch die Lebensbedingungen, in die der Mensch durch Geburt hineingestellt wird, setzen dem Willen der Seele Grenzen. Sie ist aber *frei* bei der Entscheidung, ob sie im Eigenen verharren oder sich dem höheren Willen des Geistes öffnen will.

Die *Willensfreiheit* wird somit zum Angelpunkt für die Entwicklung des Menschen. Die Willensfreiheit erlaubt dem Geiste, in uneingeschränkter Gottesliebe und damit

»rein« zu bleiben oder der Eigenliebe Raum zu geben und damit zu »fallen«. Auf welcher Stufe seiner Entwicklung er sich auch befindet, wenn er auf die Erde herabkommt, immer will er seine Seele durchdringen, weil er in ihr seinen Ausdruck findet. Dabei trifft er auf die Willensfreiheit der Seele, ob und wann sie ihn in sich einlassen will.

Kommt es allerdings zu der Übereinstimmung des seelischen Willens mit dem eines gefallenen Geistes, der noch nicht den Weg zurück zu Gott eingeschlagen hat, so führt sie den Menschen nicht zur Gotteskindschaft, sondern von ihr fort. Weitaus häufiger aber strebt der Geist, ist er einmal mit Seele und Körper zusammengeschmiedet, zu stärkerer Gottverbundenheit zurück und will seine Seele dabei mitnehmen. Sein Wille ist also den natürlichen Neigungen der Seele eher entgegengesetzt, und er wird ihr nur als die Stimme des Gewissens vernehmbar. Solange die Seele nicht auf diese Stimme hören will, bleibt der Geist ihr fern. Aber wenn irgendein Ereignis die Seele erschüttert, mahnt er von neuem. Erst wenn die Seele auf seine Stimme hört, dann beginnt auch sein Wille in ihr wirksam zu werden und des Menschen Weg mitzubestimmen. Das Mittel, über das der Mensch verfügt, um die richtige, gottgewollte Verbindung seiner Seele mit seinem Geiste in die Wege zu leiten und ständig zu vertiefen, ist das *Gebet*.

Betend erkennt der Mensch eine höhere Macht an und unterstellt sich ihrem Willen. Wie er sie nennt und wie er sie sich vorstellt, ist dabei von viel geringerer Bedeutung als die Tatsache, daß er die Gottheit als höhere und ihn bestimmende Ordnung ansieht und ihr gegenüber seinen eigenen Willen aufgibt. Auch Jesus, der wohl als erster von Gott als dem »Vater« sprach, lehrte zu ihm zu beten: »Dein Wille geschehe, wie im Himmel, so auf Erden.« Je mehr der Mensch das Gebet übt, desto mehr wird das Hindernis abgebaut, welches der natürliche Wille der Seele dem Einströmen des Geistes und der göttlichen Hilfe gegenüber aufgerichtet hatte. Nur das stete Unterstellen unter den göttlichen Willen führt zu einem zunehmenden Einfließen des Geistes in die Seele; es führt ebenso – in einer gleichsam parallelen Entwicklung – zu der Wiedergeburt des Menschengeistes aus der Kraft des Heiligen Geistes.

Mir ist das Gebet seit dem großen Gotteserleben in der Kindheit so selbstverständlich wie das Atmen. Als Erwachsenen bewegte mich dann die Frage, ob Gott auch wirklich die Bitte und den Notschrei jedes einzelnen Menschen, der sich im Gebet an ihn wendet, höre und zur Kenntnis nehme. Die Antwort auf diese Frage erhielt ich nicht in Worten; ich erschaute sie und sah, wie der Ruf jeder einzelnen Seele mit gesetzmäßiger Zwangsläufigkeit nicht nur Gott erreicht, sondern auch von ihm sogleich mit einem vermehrten Zustrom seiner Liebeskraft beantwortet wird. Ob und inwieweit der betreffende Mensch diese Beantwortung seines Gebetes spürt und erlebt, das ist abhängig von der Offenheit seiner Seele für das Einströmen seines Geistes. Ob aber die Beantwortung auch eine Erhörung des Gebetes im Sinne einer Erfüllung der vorgetragenen Bitte sein darf, das steht allein bei Gott.

Es hat seinen guten Sinn, daß die Menschen in körperlicher Krankheit um Hilfe beten. Dadurch erhält ihr

Geist von Gott her eine Stärkung, so daß er mehr Lebenskraft in Seele und Körper hineinstrahlen kann als sonst. Daß völlige und durchgreifende Heilung als Antwort auf inbrünstiges Gebet so selten ist – aber sie kommt vor! –, liegt daran, daß nur Gott entscheiden kann, ob sie dem betreffenden Menschen in seiner Gesamtentwicklung zum Kinde Gottes dienlich ist. Keiner, dem trotz inständigen Gebetes die Heilung versagt bleibt, darf sich für verworfen halten. Gottes Liebe kommt jedem entgegen, aber seine Weisheit allein weiß, wie jeder einzelne auf Erden und im Jenseits geführt werden und wieviel ihm zu ertragen auferlegt werden muß. Immer aber bringt das Gebet Hilfe; der Mensch erlebt sie als eine Kraft inneren Halts mit dem Gefühl der Geborgenheit inmitten aller Not. Ein Mensch dagegen, der sich verbittert und ungläubig von Gott abwendet, kann der göttlichen Hilfe nicht teilhaftig werden, weil er die helfende Kraft ja gar nicht in sich einläßt. Gott hält zwar auch für ihn alle Hilfe bereit und kann mit seiner Liebe wohl auch den Geist des Menschen anrühren; wenn aber der natürliche Mensch in Seele und Leib sich ablehnend verhält, dann kann Gottes Liebe nicht wirksam werden. Gott drängt sie niemandem auf; die Willensfreiheit des Menschen soll völlig unangetastet bleiben.

Es ist einzig von der freien *Willensentscheidung* des Menschen abhängig, ob Gott ihm helfen kann, denn es ist jedem Menschen freigestellt, Gottes Liebe in sich aufzunehmen oder sie abzuweisen. Jeder Willensentschluß aber fließt aus der vorherrschenden Liebe des Menschen, denn ernstlich *wollen* können wir nur das, was wir *lieben.* Da nun Gott uns zu wahrhaft freien Kindern haben will, die ihn aus freiem Antriebe lieben, vermeidet er behutsam alles, was den menschlichen Willen zwingen oder nötigen könnte. Das dem natürlichen Menschen ganz unbegreifliche und unschätzbare Geschenk der Willensfreiheit ist es, um dessetwillen Gott sich selbst in seinem Wirken eine so strenge Beschränkung auferlegt und sich auch dort überall zurückhält, wo der Mensch sich sein Eingreifen oft sehnlichst wünscht, damit Unklarheit und Ungerechtigkeit beseitigt und Not und Leid behoben werde.

Hellsinne und Erleuchtungen

Von jedem Menschen wird das demütige Aufgeben des seelischen Eigenwillens gefordert. Wer sich ernsthaft bemüht, den Willen Gottes zu erkennen und sich ihm unterzuordnen, gelangt auf den Weg zur Wiedergeburt des Geistes und zur Vergeistigung der Seele. Vergeistigung ist immer ein Entwicklungsvorgang, und zwar ein schmerzhafter und leidvoller, denn im Grunde ist jede Vergeistigung, auf welcher Stufe sie auch geschieht, ein Sterben und Wiederauferstehen. In der Seele sind es die unzähligen Einzelteile, die »Naturgeister der Seele«, die vom Geiste geläutert und umgewandelt werden, damit sie seine höhere Schwingungsfrequenz erreichen. Das ist ein langwieriger Prozeß, der keineswegs geradlinig und kontinuierlich abläuft. Schon während dieser Entwicklung aber kann es vorkommen, daß der Geist die Seele vorübergehend in hohem Maße durchdringt, und das besonders bei mit Hellsinnen begabten Menschen. Diesen wird auch das bewußt, was ihre Seele ohne Mithilfe der körperlichen Sinnesorgane wahrnimmt.

Die Tatsache, daß jemand hellsinnliche Fähigkeiten besitzt, sagt allerdings noch nichts darüber aus, ob seine

Seele bereits in der richtigen, gottgewollten Verbindung mit ihrem Geiste steht, ob sie sich seinem Einfließen öffnet. Die Qualität dessen, was hellsinnlich erfahren wird, hängt davon ab, inwieweit das Bewußtsein vom Geist erleuchtet wird. Das ist ein innerer Vorgang im hellsinnlich begabten Menschen und als solcher von außen her nicht erkennbar. Es ist aber falsch, aus diesem Grunde Hellsehen, Hellhören, Hellfühlen für wertlos zu halten; es ist nur jeweils sorgsam zu prüfen, wie ernsthaft, wie zuverlässig, wie liebevoll der betreffende Mensch in seinem ganzen Wesen und Verhalten ist; dann gelangt man auch zu einer begründeten Einstufung seiner hellsinnlichen Erfahrungen.

Die Hellsinne vermitteln dem Menschen übersinnliche Erlebnisse aus jenen Bereichen, die der Schwingungsfrequenz seiner Seele entsprechen. Übersinnliche Erlebnisse aus höheren Ebenen, religiöse Erlebnisse, Visionen, Erleuchtungen beruhen hingegen auf einem Durchbruch des Geistes in die Seele, wobei er sie an einem Erleben teilnehmen läßt, welches nur seiner hohen Schwingungsfrequenz zugänglich ist. Ein solcher Durchbruch kann nach göttlichem Willen spontan erfolgen, er setzt aber in der Regel voraus, daß der Geist in seiner Entwicklung der Wiedergeburt aus dem Heiligen Geiste nahegekommen ist. Häufig erfaßt der Geist die Seele mit solcher Macht, daß der Mensch in Ekstase fällt; ziemlich selten dagegen kommt es dabei zu einem für andere sichtbaren Schweben, einer Levitation oder Elevation des Körpers. Ekstase, Entrückung, Entraffung sind aber nur Begleiterscheinungen des mystischen Erlebens, der Geist kann auch ohne sie der Seele ein Gotteserleben vermitteln, je nachdem, wie weit die Einung von Geist und Seele bereits Wirklichkeit geworden ist.

Schon als kleines Kind wußte ich von einer anderen Welt nicht allein aus einem mehr oder weniger unbestimmten Gefühl, sondern ich nahm sie deutlich wahr. Ich sah und fühlte vor allem geistige Wesen, Engel und niedere Geister. Das Sehen von Geistwesen hörte aber mit meinem sechsten Lebensjahre auf, um erst viel später, in harmonischer Entwicklung meiner Hellsinne, wieder einzusetzen. Es ist ja auch keine entscheidend wichtige Gabe. Es ist vielmehr, ähnlich dem Hellhören, mehr als das Hellfühlen eine spontan auftretende Fähigkeit und deshalb an und für sich noch ohne Wert für die geistige Entwicklung. Wird das Hellsehen im Laufe einer jahrzehntelangen, allseitigen und harmonischen Entwicklung zu erworbenem Besitz, so ist es die letzte, abschließende Seite der Hellsinne. Dieser Ordnung entsprach die Entwicklung meines Wahrnehmungsvermögens.

In meiner Jugend und den frühen Mannesjahren hatte ich mehr Wahrträume und wachbewußte Schauungen als später. Das mag befremdlich erscheinen, ist aber bei einiger Überlegung begreiflich. Denn wenn erst das geistige Leben die Seele und den Körper bis zu einem gewissen Grade durchdrungen hat, so wird der Mensch der Hilfe von oben in Gestalt von bedeutenden Träumen und Schauungen, gerade wenn er ihrer am meisten zu bedürfen meint, entblößt. Gewiß kenne auch ich übersinnliche Wahrnehmungen derart, daß Verstorbene oder noch im Körper Lebende in ihrem Seelenleibe vor mir erscheinen und über meine seelisch-geistigen Hellsinne in mir Gesichts- und Gehörswahrnehmungen hervorrufen. Niemals aber erfahre ich auf solchem Wege etwas, was für meinen Entwicklungsgang und für meine Entschließungen von irgendeiner Bedeutung wäre. Alle Weisungen und Belehrungen, welche meine Entwicklung betreffen, kommen mir ausschließlich aus dem tiefsten Innern über meinen Geist durch ein unmittelbares Innewerden und niemals als Sinneswahrnehmungen von außen her zum Bewußtsein.

Der Weg, den ich geführt werde, ist der *Weg der inneren Offenbarung.* Die Erleuchtung fließt von Gott her über meinen Geist in Seele und Tagesbewußtsein herab. Habe ich dabei Wahrnehmungen, welche den Charakter von Sinneswahrnehmungen annehmen, dann entstehen auch diese von innen her. Die Sinnesorgane werden vom Geiste her zum Mitschwingen und Miterleben gebracht, so daß dies kein Sehen und Hören von außen ist, welches trügen könnte, sondern alles Wahrnehmen steht in unmittelbarem Einklange mit dem mich erfüllendem göttlichen Wesen Christi oder Gottes.

Mehr als durch Hellsehen oder Hellhören ist meine Entwicklung durch das Hellfühlen unterstützt worden. Das gesteigerte Fühlen war eine Veranlagung, die sich spontan schon im Kindesalter in bedeutender Stärke offenbarte. Meiner Neigung entsprechend trat es vornehmlich in Verbindung mit religiösen Dingen in Erscheinung. Mit dem Heranwachsen steigerten sich dann die übersinnlichen Wahrnehmungen auf Grund meiner angeborenen Hellfühlveranlagung. In meinen zwanziger Jahren erlebte ich an mir einen Grad von Hellfühligkeit, der es mir ermöglichte, Vorgänge und menschliche Handlungen, deren stumme Zeugen sie gewesen, aus toten Ge-

genständen zu erfahren, indem sich die Geschehnisse wie in einem Film vor meinen Augen abrollten. Zum eigentlichen Hellfühlen, d. h. zum sicheren Erkennen stofflicher Beschaffenheit durch berührungsloses Fühlen, wurde diese Gabe aber erst unter der Leitung und dem anregenden Einfluß meines Lehrers Carl Huter.

Hellfühlwahrnehmungen haben vor mir schon zahlreiche Menschen gehabt. Ich brauche nur an Justinus Kerners Berichte über die Seherin von Prevorst zu erinnern. Auch von einigen zeitgenössischen Heilern sind sie mir bekannt. Wieweit solche Wahrnehmungen auf den seelischen Bereich beschränkt bleiben oder auch in den übergeordneten geistigen Bereich eindringen, hängt auch hier davon ab, in welchem Grade der Geist des mit Hellgefühl begabten Menschen die Seele zu erleuchten vermag.

Der Mensch zwischen Diesseits und Jenseits

Mit der voranschreitenden Vergeistigung der Seele wurde meine angeborene Empfindungsoffenheit zu geistigem Hellgefühl. Strahlungen niederer Schwingungsfrequenz wurden mir als körperliche Empfindung, solche höherer Schwingungsfrequenz durch innere Wahrnehmung bewußt. Die Trennung von Diesseits und Jenseits ist auf der seelischen Ebene aufgehoben; für meine innere Wahrnehmung sind alle Menschen Geistwesen, und ich erlebe den seelisch-geistigen Innenmenschen eines im Körper Lebenden nicht anders als den eines Verstorbenen. Ich erkenne die Person an den charakteristischen Eigenheiten ihrer Strahlung, die während des Erdenlebens und nachher dieselben sind. In welchem Verhältnis aber Geist und Seele dieser Person zueinander stehen, das wird mir meistens erst nach eingehender Prüfung erkennbar, wobei zu berücksichtigen bleibt, daß dieses Verhältnis so lange Schwankungen und Veränderungen unterliegt, bis schließlich die völlige Einung von Geist und Seele erreicht ist. Seit mein eigener Geist jederzeit in das Tagesbewußtsein vordringen kann, verleiht er mir die Fähigkeit, die in materielle Körper gekleideten Menschengeister schon auf der diesseitigen Ebene klar zu erkennen und mit Sicherheit zu unterscheiden. So erkenne ich mit voller Deutlichkeit, wie Geister aus hohen und niederen Sphären, die im jenseitigen Dasein streng voneinander geschieden sind, hier auf Erden als Menschen dicht nebeneinander wohnen und einander dienen als Vorbilder und Beispiele zur Nachahmung und Abschreckung.

Es ist für mich ein Bild von schwer zu beschreibender Eigenart, wenn ich dabei das innere Wesen der Menschen oft in großem Widerspruch sehe zu den Rollen, welche ihnen die äußeren Verhältnisse zugewiesen haben. Nur das Leben in den irdischen Gewändern von Leib und Seele bietet den Geistern aus gegensätzlichen Sphären die einzige und nie wiederkehrende Möglichkeit, unmittelbar miteinander zu verkehren, voneinander zu lernen und einander zu helfen. Diese Tatsache gibt dem Erdenleben einen ganz besonderen Wert.

Die Begegnung von Geistern aus sonst getrennten Sphären ergibt sich aus den äußeren Lebensumständen und wird den beteiligten Erdenmenschen fast nie bewußt. Der Mensch unserer Tage, gezwungen, sein Leben durch die Benutzung und Beherrschung der Materie zu fristen, richtet seinen Verstand fast ausschließlich auf dieses Ziel und verliert dabei das Wissen, daß der Zusammenhang und Austausch auf der seelischen und auf der geistigen Ebene das Leben des Einzelnen trägt und mitgestaltet.

Aus der noch ungegliederten Seelensubstanz hervorgehend wird die Menschenseele nach langer Entwicklung erst in der Verbindung mit ihrem Geiste ein eigenständiges Einzelwesen. Dank seinem Beistand wird sie sowohl vor der Geburt als auch während der ersten Lebensjahre weiter ausgestaltet, im Gleichschritt zum Aufbau des Körpers. Dabei findet sie ihre Stütze in den verschiedenen Schichten der überindividuellen Seelengemeinschaften und in der seelischen Ausstrahlung der Familie, in die sie hineingeboren wird. Auch nach den Jahren der frühen Kindheit bleibt der Zusammenhang auf der seelischen Ebene erhalten. Unser Innenmensch steht in jedem Augenblick mit vielen Seelen, noch ungeborenen wie auch lebenden oder abgeschiedenen, und den dahinterstehenden Individualgeistern in Verbindung, von ihnen Anregung empfangend und seinerseits ihnen Anregung gebend, ohne daß unserem Tagesbewußtsein bekannt wird, woher diese Anregungen als Gedanken und Gefühle kommen. Nicht nur ich erlebe das, sondern jeder andere zu geistiger Wahrnehmung befähigte Mensch kann das bestätigen. Manchen von diesen wird die innere Verbindung mit noch Lebenden fühlbar und bewußt, anderen eher diejenige mit Verstorbenen, wovon später zu reden sein wird.

Der Geist nimmt an diesem Austausch auf der seelischen Ebene nur in dem Maße teil, in welchem er gerade dann in die ihm zugeordnete Seele eintaucht. Anders bei den Schutzengeln, mögen sie nun im Einzelfall Engel im strengen Wortsinne oder Geister sein, die ihren Erdenweg bereits vollendet haben; hier ist es die geistige Persönlichkeit, die auf das Innenwesen des ihr anvertrauten Erdenbürgers einzuwirken sucht. Unabhängig von seinem jeweiligen Eintauchen in die Seele ist jeder Menschengeist in eine geistige Gemeinschaft verflochten, deren Glieder die gleiche Ausprägung ihrer persönlichen Liebe ausstrahlen. Zwar fühlt sich der Mensch fast immer seinem Schicksal einsam und verlassen ausgeliefert, dennoch steht er nie allein; vielmehr bleibt sein Geist in steter Verbindung mit der Sphäre, von der er ausgegangen ist.

Die Vielfalt geistiger Sphären ist unvorstellbar groß. In den weiter von Gott entfernten ist die Bindung der einzelnen Glieder aneinander lockerer; hier kann es auch vorkommen, daß ein Geist entsprechend der Wandlung, die seine Liebe während des Erdenlebens erfährt, sich von seiner ursprünglichen Gemeinschaft löst und einer anderen anschließt. In den Sphären starker Gottverbundenheit ist die Bindung durch die gegenseitige Liebe eine so enge, daß diese Sphäre lebhaften Anteil an dem Erdenwege ihres menschlichen Vertreters nimmt. Dieser Mensch ist der eigentliche und unmittelbar Erlebende seines irdischen Schicksals. Aber auch alle Gefährten seiner geistigen Heimatsphäre stehen im Mit-Erleben und Mit-Leiden seines Erdenschicksals und werden dabei, soweit sie noch nicht selbst auf Erden gelebt haben, im Laufe der Entwicklung für eine eigene, dereinstige Aufgabe vorbereitet. Auch derjenige Geist, welcher seinen Erdenweg bereits hinter sich hat, nimmt weiterhin Anteil an dem Erdenwirken seiner Geistesgefährten als ein innerlicher Helfer und Förderer. Diese Anteilnahme und Stärkung aus seiner Heimatsphäre braucht ihr jeweiliger irdischer Vertreter, denn er hat hier eine besonders umfassende Aufgabe zu erfüllen, auch dann, wenn ihm keine Wirkung nach außen durch Worte oder Taten aufgetragen wird. Wenn er allen Widerständen zum Trotz sich ständig der göttlichen Liebe öffnet und sie in sich wirken läßt, so dringt diese in gleicher Weise auch in die seelischen Sphären der Menschheit vor.

Mag dies auch einzelnen Gottgesandten vorbehalten bleiben, so ist doch *jedem* Menschen die Aufgabe mitgegeben, Liebe zu üben und seine Liebe zu mehren. Er wird in die Lebensgemeinschaft mit anderen Seelen hineingestellt, damit seine eigene Vergeistigung auch diesen zugute komme. Je mehr er das Ichhafte überwindet und in die selbstlose Liebe hineinwächst, desto mehr hilft er nicht nur den hier ihn umgebenden, sondern auch den jenseitigen mit ihm verbundenen Seelen, besonders wohl denen der Blutsverwandten. Letztere können zwar der gleichen geistigen Heimatsphäre angehören; meistens jedoch stammen ihre Geister aus verschiedenen Sphären, eben damit sie in der Verbindung ihrer Seelen einander dienen. Keiner, der zu Gott strebt, tut es für sich allein; jeder Zuwachs an selbstloser Liebe strahlt über ihn hinaus und trägt bei zum Werden des Reiches Gottes.

Eros und Sexus

Der Verschiedenheit der Menschen entsprechend ist die auf Blutsverwandtschaft beruhende seelische Bindung aneinander schwächer oder stärker. Gleiches gilt von der seelischen Bindung zwischen zwei Menschen, die aus ihrer geschlechtlichen Begegnung erwächst. Geschlechtliches Empfinden und Begehren gehört zur Körper-Seele-Einheit des natürlichen Menschen. Für jeden, der nicht durch körperlichen oder psychischen Defekt behindert ist, ist die Geschlechtlichkeit von einem bestimmten Alter an ein wichtiges Problem, mit dem er sich auseinandersetzen muß. Zu diesem Zeitpunkt ist die Seele bereits ausgestaltet und selbständig und betätigt ihren eigenen Willen auch in der Gestaltung des Geschlechtslebens. Sie hat viele Möglichkeiten der Wahl in der Entscheidung für eine bestimmte Lebensführung und der etwaigen Partner. Aber gerade wenn die Seele diese Entscheidung treffen will, begegnet sie dem Willen des Geistes.

Dies mag auf den ersten Blick befremden. Es ist wohl leichter begreiflich, daß der Geist seine Auswirkung darin findet, dem irdischen Verstand höhere Einsichten zu vermitteln, als daß er auch am geschlechtlichen Leben beteiligt ist, welches doch, möchte man meinen, eine der stärksten Äußerungen des natürlichen Menschen darstellt. Das Wesen des Geistes aber ist Liebe; immer ist er bestrebt, seine Liebe auszustrahlen und dazu nicht nur die Seele, sondern auch den Leib zu durchdringen. Die geschlechtliche Erregung macht Seele und Körper für das Eintauchen des Geistes zugänglich, und deshalb darf man sagen, daß sogar hinter dem Körperlich-Triebhaften sich das Streben des Geistes nach dem Ausstrahlen seiner Liebe verbirgt. Der Mensch verkennt das Geschenk der ihm angeborenen Geschlechtlichkeit, wenn er im Körperlich-Triebhaften verharrt und nur immer größere Lustbefriedigung sucht.

Die Geschlechtlichkeit soll nicht nur die Fortpflanzung des Menschengeschlechts sichern. Sie soll vielmehr das Aufnahmegefäß für den Eros und die Wegbereiterin für eine immer tiefere Liebe zwischen den Partnern sein. Im Eros, der Liebe zu einem bestimmten Du, erfaßt der Geist seinen natürlichen Menschen stärker als bei jeder anderen Liebesäußerung. Eros aber spielt immer nur zwischen zwei Menschen, mögen diese verschiedenem oder gleichem Geschlecht angehören. Eros bringt den Sexus immer zum Mitschwingen, auch dort, wo es niemals zu einer geschlechtlichen Begegnung kommt. Es ist nicht nur meine Erfahrung, daß rein seelisch-geistige – sogenannte platonische – Liebesbeziehungen nicht nur eine allgemeine Erhöhung der Lebenskraft und des Lebensgefühls geben, sondern auch zur Anregung der Geschlechtskraft führen, und das nicht nur im jugendlichen Alter.

Die aus dem Geiste kommende Liebe ist ein Schenkenwollen, das Verlangen, sich mit seinem ganzen Wesen an den Geist, das innerste Wesen des anderen, hinzugeben. Das sinnliche Begehren des natürlichen Menschen hingegen ist ein Habenwollen, das Verlangen, das körperliche Gegenüber, den vergänglichen Außenmenschen des anderen, in Besitz zu nehmen. Lieben zwei Menschen einander tief innerlichst von Geist zu Geist und geht der Anstoß zur Liebesvereinigung vom Geiste aus, dann vollzieht sich das Erleben in der gewollten Ordnung. Dabei wird der äußere Mensch von dem hohen und heiligen Lebensgefühl des Geistes erfüllt und zum Mitschwingen gebracht, und Seele und Körper werden in den Geist hinaufgehoben. Solche Liebe ist rein auch in allem, was äußerlich geschieht. Ist es jedoch nur das Lustverhalten der körperlichen Sinne, was den Anstoß zur Liebesvereinigung gibt, dann zwingt der Mensch seinen Geist, ins Fleisch hinabzusteigen. Notgedrungen, nicht aus seinem Willen muß der Geist seinem natürlichen Menschen Anteil gewähren an seinem Lebensgefühl. Darum kann auch das Erleben in solchem Falle nie so hoch empfunden werden, wie es bei der reinen Liebe stets der Fall ist. Der Geist aber wird dabei erniedrigt und verunreinigt.

Die reine Liebe von Geist zu Geist ist auf Erden eine große Seltenheit. In der Mehrzahl lieben die Menschen aus ihrer Seele, und in ihrer Liebe sind sowohl edlere geistige als auch niedere triebhafte Kräfte wirksam, je nach dem Entwicklungsstande der Seele. Jeder aber sollte danach streben, sein geschlechtliches Verhalten seinem innersten Fühlen, der aus dem Geiste kommenden Liebe, zu unterstellen.

Die jeweilige Norm für das geschlechtliche Verhalten wird von der Mehrheit bestimmt; sie hat sich aber im

Laufe der Zeiten immer wieder geändert. Auch jetzt ist eine solche Änderung im Gange. Es ist zu begrüßen, daß mehr der Verantwortung des einzelnen überlassen und seine Privatsphäre respektiert werden soll, auch bezüglich vorehelicher und gleichgeschlechtlicher Beziehungen. Der außenstehende Dritte vermag die innere Qualität einer erotischen Beziehung nie zu beurteilen; darum sollte er nach dem Vorbilde Jesu immer größte Toleranz üben. Wenn ich also die bisherige gesellschaftliche Ächtung in mancher Hinsicht für unberechtigt halte, so darf ich andererseits nicht verschweigen, daß das bedenkenlose Ausleben der geschlechtlichen Triebe, wie es heute weitgehend Brauch geworden ist und offen propagiert wird, große Gefahren für die seelische Entwicklung mit sich bringt. Es führt geraden Weges hinweg vom Ziele innerer Freiheit und liebevoller Mitmenschlichkeit.

Die Tatsache, daß es zu allen Zeiten geschlechtliche Ausschweifungen und erschreckende Verirrungen gegeben hat, hebt niemals die hohe Verantwortung auf, die jeder einzelne für sein Tun und Lassen im Geschlechtlichen trägt. Ich kann nicht eindringlich genug zur Zurückhaltung und zur Selbstzucht mahnen. Aber auch strenge Askese allein ist nicht der rechte Weg zu einer wirklichen Überwindung der Triebgebundenheit. Askese ohne religiöse Vertiefung birgt die Gefahr der Selbsttäuschung in sich und macht den Menschen leicht zum Pharisäer. Fesselung der Triebe durch Askese ist noch längst keine Überwindung. Zur wirklichen Überwindung reichen die Kräfte des Menschen gar nicht aus. Er braucht die Hilfe Gottes dazu und kann dieser nur teilhaftig werden, soweit er sich dem Einfließen der Gotteskraft offen hält.

Gewohnheit und Sucht

Auch diejenigen Menschen, die den Tod nicht für das Ende überhaupt halten, können sich meistens schwer vorstellen, wie eng der Zusammenhang zwischen dem irdischen und dem daran anschließenden jenseitigen Leben ist. Die Seele wird in ihrem Charakter durch den Tod nicht verändert, sie lebt im Jenseits mit den Eigenschaften und Fähigkeiten und auch mit den Eigenheiten weiter, die sie auf Erden erworben hatte. Sie ändert sich drüben – sei es bald, sei es erst nach langer Zeit – nur in dem Maße, in dem sie sich mehr und mehr von ihrem Geiste führen und durchstrahlen läßt. Mag sie selbst das auch erst spät einsehen, der persönliche Geist bleibt ihr innerer Führer bis in alle Ewigkeit.

Auch der Seelenleib ist nicht sofort befreit von der stofflichen Belastung, die etwa in ihn eingedrungen war. Dank der innigen Verbindung mit meinem eigenen Geiste vermag ich die stoffliche Beschaffenheit des Seelenleibes eines Abgeschiedenen mit der gleichen diagnostischen Sicherheit wahrzunehmen wie die des irdischen Körpers eines Lebenden. Diese Tatsache tut der Erhabenheit der wahrhaft geistigen Welt keinen Abbruch, sondern beweist nur, daß letztlich alles in der Welt, auch jeder einzelne Mensch im Jenseits, den Weg der Entwicklung geht und nicht die kleinste Strecke des großen, Diesseits und Jenseits umspannenden Entwicklungsganges überspringen kann. Für mich selbst ist dieses – meist ganz ungewollte – Wahrnehmen der weiteren Entwicklung des Seelenleibes greifbar wirklich durch die schmerzhaften Belastungen, denen es mich häufig aussetzt.

Mit seinem Verhalten während des Lebens bereitet also der Mensch die ersten, oft lange dauernden Phasen seines Jenseitsweges selbst vor; nebensächlich sind die Angewohnheiten, die er angenommen hat, keineswegs. In erster Linie kommt es allerdings immer darauf an, wieweit er dem Liebesgebote nachgelebt hat. Aber auch die tägliche Lebensführung ist nicht ohne Bedeutung. So gewiß es ist, daß das Heil seiner Seele nicht davon abhängt, ob ein Mensch von dieser oder jener Kost lebt oder sich dieses oder jenes Genusses enthält, so gewiß ist aber auch, daß er sich sein Ringen und Streben nach oben durch eine unzuträgliche Lebensweise sehr erschweren kann. Es ist Tatsache, daß die pflanzliche Ernährung es dem Menschen erleichtert, seine Triebregungen zu beherrschen, während die Fleischnahrung ganz allgemein die Erdenschwere der menschlichen Natur verstärkt. Wenn ich auch der Ansicht bin, daß der geistig gerichtete Mensch sich sein Streben durch die richtige Ernährung erleichtern kann, so muß ich doch davor warnen, den Wert der Pflanzenkost zu überschätzen. Auch durch die beste und reinste Pflanzenkost *allein* ist noch niemals jemand zu einem geistigen Menschen geworden. Dagegen haben viele Menschen einen hohen Grad von Vergeistigung erreicht, ohne jemals auf die Vermeidung von Fleischgenuß bedacht gewesen zu sein.

Das Überschreiten des dem einzelnen zuträglichen Maßes im Essen und Trinken hat schon hier fühlbare Folgen und, wenn es zur Gewohnheit geworden ist, auch noch im Jenseits. Viel mehr aber gilt dies von allen Genuß-, Reiz- und Betäubungsmitteln. Daß letztere nur vom Arzte bei wirklich schweren Erkrankungen angewandt werden dürften, sollte eigentlich selbstverständlich sein. Entgegen verbreiteten Beschönigungsversuchen muß ich betonen, daß Drogen *immer* schädliche Folgen nach sich ziehen, mit denen auch der Abgeschiedene sich noch lange herumzuquälen hat. Daß man mit Hilfe von Drogen in der Entwicklung von Seele und Geist vorankommen könne, ist ein Irrtum. Drogen bewirken häufig, neben der Betäubung körperlicher Schmerzen, daß dem Menschen mehr von dem bewußt wird, was seine Seele auf ihrer Ebene erlebt. Aber verändert oder ihrem Geiste nähergebracht wird die Seele dadurch nicht, solange sie nicht ihren auf Genuß oder Betäubung gerichteten Willen aufgibt. Es gibt nur eines, das die innere Entwicklung fördert: das Bemühen um mehr Liebe.

Welch unheilvolle Auswirkung der Drogenkonsum oder unmäßiger Alkoholgenuß haben, wird allerdings bald offenbar; hingegen bleiben die bösen Folgen des Rauchens oft sehr lange verborgen. Deshalb nehmen so viele die damit verbundene Gefahr nicht ernst und mißachten die Warnungen von ärztlicher Seite. Ich muß solche Warnungen nachdrücklich unterstützen und darauf hinweisen, daß diese Gewohnheit auch für die geistige Entwicklung des Menschen ein starkes Hemmnis bildet. Von allen gebräuchlichen Genußmitteln – Drogen sind keine Genußmittel – besitzt der Tabak die vielseitigste und heimtückischste Schädlichkeit. Weil sein Gift in Gasform aufgenommen wird, dringt es zutiefst in das molekulare Gefüge der Körperzellen ein, ja sogar unmittelbar in den Seelenleib. Es wirkt als Krampfgift und führt bei fortgesetzter Zufuhr sehr langsam zu Veränderungen, welche dem Raucher erst nach langer Zeit Beschwerden machen, viel zu spät, um sie dann noch je wieder völlig loswerden zu können. Ganz allgemein machen seine Beziehungen zum Nerven- und Blutgefäßsystem das Tabakgift zu einem gefährlichen Bundesgenossen der allerverschiedensten Erbgifte, von denen kein einziger Mensch frei ist. Alle erbliche Disposition erfährt durch das Rauchen eine deutliche Verschärfung und Erhöhung ihrer Gefährlichkeit. Vor allen Dingen werden alle Alterungsvorgänge in den Körpergeweben vom Nikotin gefördert. Der weibliche Organismus ist durch seine weichere und zartere Beschaffenheit der schädigenden Wirkung des Tabakgiftes noch weit stärker ausgesetzt als der des Mannes. Was die Frau aber ganz besonders zu entschiedener Ablehnung des Rauchens veranlassen sollte, das ist ihre Berufung zur Mutterschaft; immer trägt die Frau eine höhere und gewichtigere Verantwortung für die kommende Generation. Doch auch der Mann als Vater ist von solcher Verantwortung durchaus nicht etwa frei. Er schädigt nicht nur seine Zeugungskraft, sondern verschlechtert auch das Erbgut, welches er seinen Nachkommen auf den Erdenweg mitgibt.

Bliebe es bei der Schädigung, welche der Raucher sich selbst zufügt, so könnte man nach einer ernsten Warnung die Verantwortung für sein weiteres Tun ihm selbst überlassen. Doch es geht nicht nur um ihn allein, denn er zieht ja seine Umgebung in Mitleidenschaft. Er untergräbt – das ist die traurige Erfahrung, die ich oft habe machen müssen – die Gesundheit seiner Angehörigen und verkürzt in manchen Fällen ihr Leben.

Wie sehr wünschte ich, ich könnte alle Raucher schauen lassen, welche Schwierigkeiten und Leiden sie sich für ihr jenseitiges Dasein selbst bereiten. Jeder, der eine Gewohnheit Herr über sich werden läßt – ob Trinker, ob Raucher, ob Spieler oder Morphinist –, wird durch die in der abgeschiedenen Seele erhöht lebendig bleibende Sucht in der Erdsphäre zurückgehalten und hängt sich an Genossen seiner Leidenschaft, welche noch im Leibe leben. Die Entwöhnung, welche er im Körperleben ohne große Mühe erreichen könnte, macht ihm im Jenseits viele Jahre und Jahrzehnte zu schaffen und bereitet ihm furchtbare Qualen, weil die Seele, der Last des Körpers ledig, alles tausendfach stärker empfindet und ihrer Gelüste viel schwerer Herr wird, so daß sich dieser Reinigungsvorgang ganz unabsehbar in die Länge ziehen kann. Und es ist nicht nur der schmerzhafte Reinigungsvorgang, was den Süchtigen im Jenseits quält. Viel schmerzhafter noch sind die Qualen der Reue über all die Torheit und Rücksichtslosigkeit, zu der seine Sucht ihn veranlaßt hatte.

Der Jenseitsweg hängt von dem Entwicklungsstande ab, in dem sich die Seele beim Abscheiden von der Erde befindet. Hatte ein Mensch sich in ernsthaftem Streben ganz in den Willen Gottes ergeben, so werden ungünstige Angewohnheiten wie das Rauchen seiner Weiterentwicklung nicht unbedingt im Wege stehen. Auch dem, der durch ein religiöses Leben seine Seele für das Einfließen des Geistes offengehalten hat, kann geholfen werden, leichter und schneller mit dem Reinigungsvorgange fertig zu werden; aber ohne quälende Mühen und schmerzliches Bedauern über seine Unvernunft kommt auch er nicht davon. Wer jedoch bei Leibesleben für das Geistig-Religiöse keinen Sinn gehabt hat, der findet aus seiner giftüberlasteten Seele heraus nicht so leicht den Anschluß an die helfenden hohen Kräfte und hat lange Zeiten hindurch schwer an den verhängnisvollen Folgen seiner Gewohnheiten oder seiner Sucht zu tragen.

Noch viel schlimmer aber wirkt es sich aus, wenn der Mensch seiner Sinnlichkeit verfallen war. Leidenschaft prägt oft die Beziehung zweier Menschen zueinander; sie kann durchaus der Ausdruck hoher geistiger Liebe sein, aber meistens ist sie gerade das nicht. Was gemeinhin Liebe genannt wird, das ist allzuoft nichts anderes als triebhafte Eigensucht und leidenschaftliches Verlangen, den begehrten Menschen ganz für sich zu haben. Wie oft wird nicht der eigentliche Mensch mit seinen inneren Werten, sondern lediglich das Geschlecht an ihm geliebt. Bleibt die Seele in solch eigensüchtigem Begehren verhaftet, dann läßt sie die Liebe des Geistes immer weniger in sich hinein, und ihr Jenseitsweg ist grauenerregend. Während des Erdenlebens hindern die äußeren Verhältnisse den Menschen an gar zu schrankenloser Ausschweifung. Die Furcht vor gesetzlichen Strafen, die Rücksicht auf seine Stellung und sein Ansehen helfen ihm, dem Drängen der Leidenschaften gewisse Grenzen zu setzen. Mit dem Ablegen des Körpers entfallen diese beschränkenden Hilfen, und der durch seine Leidenschaft noch fest gebundene Abgeschiedene sieht sich ausschließlich in Gesellschaft Gleichgesinnter, und dort steigert sich Leidenschaft an Leidenschaft bis zur Raserei. Wie unendlich schwer aber ist es dann, die so tief Verstrickten aus den Fesseln ihrer Leidenschaft zu befreien!

Die Seele im Zwischenreich

Das Wissen um die Tatsache des persönlichen Weiterlebens nach dem Tode des Körpers ist der Angelpunkt aller Religiosität. Wo dieses Wissen schwindet, da schwindet auch das Bedürfnis, sich auf das fernere Leben irgendwie einzurichten und vorzubereiten. Die kirchlichen Lehren, soweit sie das jenseitige Leben betreffen, müssen dem Menschen von heute recht wirklichkeitsfremd erscheinen. Was kann er mit der Verkündigung von der Auferstehung des Fleisches und von der Auferweckung am Jüngsten Tage anfangen? Leider können ihm nur wenige unter den Geistlichen aller christlichen Konfessionen eine befriedigende Antwort auf die Frage nach dem Fortleben geben.

Man muß freilich zunächst einmal selbst volle Gewißheit des jenseitigen Lebens in sich tragen, ein lebendiges Wissen darüber haben; das bloße Fürwahrhalten, daß es schon so sein werde, hat niemals die Kraft, andere von der Wirklichkeit des jenseitigen Lebens zu überzeugen. Man legt auch zu wenig Wert auf die Wahl der Worte, denn es ist ein wesentlicher Unterschied, ob man von den Verstorbenen als von »Entschlafenen« spricht oder sie »Heimgegangene« oder »Abgeschiedene« nennt. Die beiden letzteren Benennungen kennzeichnen sie als Lebende, die in die Heimat gegangen sind oder von uns Abschied genommen haben und vorübergehend von uns getrennt sind. Der Ausdruck »die Entschlafenen« betont den Tod, das Erloschensein des Bewußtseins.

Unzählige Male haben mir Verstorbene geklagt und zu fühlen gegeben, wie schwer bedrückend es auf sie wirkt, wenn ihre Hinterbliebenen von ihnen als von Entschlafenen sprechen, während sie doch in lebhafter, wachester Anteilnahme zugegen sind und gar nicht an Schlafen denken. Ich konnte ihnen keinen andern Trost geben, als sie daran zu erinnern, daß sie in ihren Erdentagen ja auch nicht anders gesprochen und geglaubt hatten.

Seit meinen frühen Jahren nehme ich Verstorbene wahr und kann dank meinem geistigen Hellgefühl erkennen, ob ich im einzelnen Fall Verbindung mit ihrem Geist oder mit ihrer Seele habe. In der Regel fühle ich die Abgeschiedenen noch lange Zeit nach ihrem Tode mit allen menschlich-natürlichen Schwächen ihrer Seele. Bei Begräbnissen jedoch fiel mir auf, daß der gerade erst Verstorbene schon geistig fühlbar war, daß die aus dem Körper befreite Seele bereits »in den Geist« gekommen war und mir so in einer Weise wahrnehmbar wurde, als wäre sie schon lange abgeschieden und hochentwickelt. Ich konnte freilich bei genauem Nachfühlen feststellen, daß dieser Zustand der Seele kein Dauerzustand war, und ich kam auf Grund weiterer Beobachtung zu der Erkenntnis, daß er durch den ersten Eindruck der Seele von der Welt des Ewigen hervorgerufen wurde. Dieser Eindruck der Ewigkeit wurde noch verstärkt durch die Zeremonie des

Begräbnisses. Der Geist des Verstorbenen ließ die Seele das Begrabenwerden der irdischen Hülle als ein Symbol des Überganges vom Zeitlichen ins Ewige fühlen und erhob sie so an der Hand dieser bedeutungsvollen Entsprechung zu sich empor. Der feierliche Vorgang des Bestattens wird also gleichsam ausgenutzt, um den ersten Eindruck des Ewigkeitslebens möglichst nachhaltig zu gestalten und der Seele einen besonderen Antrieb zu ihrer weiteren Entwicklung zu ihrem Geiste hin zu geben.

Mit dem Abklingen des Überganges verblaßt auch der geistige Zustand der Seele; sie kommt aus der Region des Geistes zurück in das Zwischenreich und wird mir mit ihren größeren oder geringeren Charakterschwächen und manchmal auch mit den Krankheiten ihres früheren Körpers fühlbar. Es zeigt sich, daß der Weg der Seele im Jenseits nicht weniger dem Gesetz der Entwicklung unterworfen ist als der Weg des Menschen auf Erden.

Von dem vorübergehenden Emporgehobenwerden der Seele in geistige Zustände gibt es allerdings Ausnahmen. Ein Mensch mit schweren Charakterfehlern oder auch ein Selbstmörder oder einer, der unter sonstigen nicht unverschuldeten Umständen aus dem Leben scheidet, gelangt nach seinem Tode nicht einmal vorübergehend in höhere Zustände. War jedoch der Abgeschiedene bei Lebzeiten ein außergewöhnlich geistiger Mensch gewesen, das heißt nicht etwa nur von hoher Intelligenz, sondern vor allem von tiefer Liebe zum Nächsten – nicht nur zur Familie –, so war die Geistigkeit seines Zustandes nicht vorübergehend. Dies habe ich allerdings sehr selten erlebt, unter anderem nach dem Abscheiden einer einfachen, im hier gemeinten Sinne aber hochgeistigen Frau aus der Heilsarmee. Sie war nach kürzester Zeit in den innersten Himmel eingegangen.

Schon der Hinübergang in das Jenseits kann bei all jenen Menschen als erste Auferstehung charakterisiert werden, welche in echt religiösem oder wenigstens ernsthaft sittlichem Streben an sich gearbeitet und so die geistige Wiedergeburt erreicht haben oder dieser beträchtlich nahe gekommen sind. Diese erste Auferstehung findet am Tage des Todes statt, wenn die Seele aus der Gebundenheit des irdischen Körpers frei wird. Freudig öffnet sich die Befreite ihrem Geiste und läßt ihn in sich ein; und der Geist hat es seinerseits nun sehr viel leichter, sie mit seiner Strahlung zu durchdringen, sie zu reinigen und zu sich emporzuziehen. So gelangt die Seele zu immer innigerer Verschmelzung und schließlich zu vollkommener Einswerdung mit ihrem Geiste. Der Zustand der Seele ist allerdings während des jenseitigen Vergeistigungsweges nicht gleichbleibend, sondern Schwankungen unterworfen. Ich konnte zum Beispiel häufig beobachten, daß die Erinnerung an Familienangehörige wie überhaupt an Hinterbliebene, zu denen sie seelisch in Beziehung gestanden hatten, die Abgeschiedenen aus ihrem geistigen Zustand vorübergehend in die Region des natürlichen, irdischen Dingen zugekehrten Empfindens zurückkommen ließ. Andererseits wurden Verstorbene von nicht allzu hoher geistiger Entwicklungsstufe in den Geist und in Zustände hoher Seligkeit erhoben, sobald ich mit ihnen von Christus sprach und sie dadurch zu innigerer Hingabe an das höchste Wesen anregte.

Wie schlimm sich der Mangel an Klarheit über die Frage des Fortlebens nach dem Tode auswirkt, erlebe ich von jeher nur allzu deutlich. Was ganz weltlich gesinnte Menschen bei ihrem Tode erleben, ist wahrlich keine Auferstehung zu nennen. Von ihrer Weltliebe in der Erdsphäre festgehalten, glauben sie sich weiter im irdischen Leben, da ja ein anderes nach ihrer Überzeugung gar nicht in Frage kommen kann. Es kommt ihnen also überhaupt nicht zum Bewußtsein, daß sie gestorben sind. Sie wähnen sich auch nach dem Tode weiter im Erdenleben, das sie traumhaft in alten Gewohnheiten durch Jahre und Jahrzehnte weiterführen, sich selbst und oft auch ihren Hinterbliebenen und anderen Menschen zur Qual. Diese Wirklichkeiten, welche dem körperlichen Sinnenmenschen nicht unmittelbar wahrnehmbar sind, sondern ihm nur als Neurosen und Psychosen der von jenseitigen Einflüssen gequälten Mitmenschen bemerkbar werden, finden heutzutage wenigstens schon wieder ernsthafte Beachtung, wenn auch den meisten Menschen die Erkenntnis fehlt, daß abgeschiedene Seelen als Quelle der störenden Einflüsse vorhanden und dabei beteiligt sind.

Von welcher weitreichenden und oft genug geradezu verhängnisvollen Bedeutung die Einmischung unwissender Verstorbener in irdische Vorgänge und Verhältnisse tatsächlich ist, dafür geben die protokollarischen Aufzeichnungen des amerikanischen Nervenarztes Dr. Carl Wickland eindringlich Zeugnis. (Die deutsche Ausgabe von Dr. Wicklands Buch »Thirty Years Among the Dead« ist im Otto Reichl Verlag, Remagen, erschienen.) Ihrem eigenen Geiste, der ihnen jetzt über ihre veränderte Lage Klarheit geben könnte und sollte, sind diese Verstorbenen unendlich ferngeblieben, da sie ihn während ihres Lebens nie gesucht haben. Die geistferne Seele ist nicht geübt und gewohnt, sich ihrem Geiste zu öffnen und ihn in sich aufzunehmen. Dieser findet also gar keinen Eingang, und so kann es auch zu keiner verwandelnden Durchdringung, geschweige denn zu einer Einung zwischen ihnen kommen. Darum müssen solche armen Seelen nun ohne das Licht des Geistes leben in einer Art Traumzustand, in welchem sie entweder weiter ihrer irdischen Berufstätigkeit nachgehen oder in trübem Dämmerlicht elend, ratlos und rastlos umherirren. Zwar bieten sich ihnen hilfsbereite Geister als Führer und Berater an; doch in ihrer Verblendung und dumpfen Unklarheit gewahren sie diese gar nicht oder verkennen sie und lehnen sie daher ab, bis sie, oft erst nach sehr langen Zeitläufen, zermürbt und über ihre trostlose Lage verzweifelt, deren Hilfe und Belehrung annehmen und allmählich lernen, sich ihrem Geiste zu öffnen und ihn in sich einzulassen, um so auf langen Umwegen von der Erde frei zu werden und schließlich zu ihrer ersten Auferstehung zu gelangen.

Verbringen so die einen, denen ihr Abgeschiedensein gar nicht zum Bewußtsein gekommen ist, ihr Dasein zunächst in einem öden, unfruchtbaren Leerlauf, so sind viele andere, die um ihren Hinübergang wissen, durchaus nicht etwa glücklicher. Nichts ist schlimmer nach dem Tode als das Bewußtsein, die Gelegenheit zu guten Handlungen, zu Werken der Nächstenliebe unwiederbringlich versäumt zu haben. Niemand kann sich eine richtige Vorstellung davon machen, wie grausig die meisten oberflächlichen und leichtfertigen Menschen nach dem Tode unter den Folgen ihrer Eigenliebe, Selbstsucht und Hartherzigkeit zu leiden haben. Durch Jahrzehnte habe ich sie furchtbarste Gemütszustände durchmachen sehen, welche eine entsetzliche Hölle sind. Das Lachen und Spotten über religiöse Vorstellungen ist ihnen vergangen, selbst die Allerhochmütigsten sind ganz klein und verzagt und bitten flehentlich um Hilfe. Kein strafender Gott hat sie zu dieser Qual verurteilt! Aus ihnen selbst kommt das Gericht, ihr eigener Geist ist der Richter, den sie als ihr Gewissen im Leben beharrlich überhört haben. Der eigene Geist tritt als Richter gegen seine Seele auf, sein Wahrheitslicht brennt wie ein Feuer so lange in ihr, bis allmählich eine völlige Umwandlung erreicht ist.

Dasselbe Wahrheitslicht, welches der widerstrebenden, eigenwillig nach außen gerichteten Seele zur unablässig brennenden Qual wird, hilft der bereits willig nach innen strebenden, die schon im Erdenleben den Geist ernsthaft zu suchen begonnen, schnell voran zu immer lichteren und glücklicheren Zuständen.

Selbstmörderschicksal

Ein schweres Verbrechen, vom Geiste aus gesehen, ist der Selbstmord. Am schwersten ist die Schuld des Selbstmörders vielleicht dann, wenn er die Tat mit jener erhabenen Geste begeht, die so manchen anderen über ihre wahre Bedeutung hinwegtäuscht. Da ist jener berühmte Professor, der, plötzlich seines Augenlichtes beraubt, in Seelenruhe die Zwecklosigkeit des Weiterlebens feststellt, weil er seinen Studien nicht mehr in alter Weise obliegen könne, und nun, überlegen lächelnd, freiwillig in den Tod geht. Der Unglückliche, bei allem Wissen doch unwissend, weiß nicht, daß er, der sich sein Leben nicht gab, es sich auch nicht nehmen kann. Sein Gelehrtenhochmut, der keinen Raum mehr läßt für die einfältige und demütige Unterordnung des Geschöpfes unter den Schöpfer, verbirgt ihm dieses einfachste Wissen. Da ist ein Okkultist, der »Wissende« aus Denk- und Willensschulung; sollte er nicht über das persönliche Fortleben mehr wissen? Aber auch er erliegt dem Wahn. Er hat nicht einmal den Schein eines Anlasses. Nur um seine Machtvollkommenheit aus eigenen Gnaden, seine Erhabenheit auf selbsterklommener Entwicklungshöhe zu beweisen, läßt er die Sinnenwelt zu selbstbestimmter Stunde verächtlich hinter sich. Der Vermessene, der sich im Besitz verborgenen Wissens wähnt, hat doch noch nicht einmal eine Ahnung der Geistgesetze, gegen deren eherne Gültigkeit der Mensch mit eigengerichtetem Denken und Wollen ein nichtiges Sandkörnchen im All ist.

Furchtbar gehen diesen Verblendeten die Augen auf. Ewig verwünschen sie sich und ihre Tat. Denn niemals können sie das Begangene wieder völlig gutmachen. Ein Wahn ist es zu glauben, mit dem Tode sei alles aus. Was wäre dann der Sinn des Lebens? Es gäbe nicht einmal die *Worte* Gott, Unsterblichkeit, Seele und Moral. Ein Wahn aber ist es ebenso zu glauben, man könne in einem nächsten Erdenleben ausgleichen, was man im vorhergehenden zu vollbringen nicht die Kraft oder den Willen fand. *Einmal* nur ist dem Menschen die Last und der Segen des Lebens auf dieser Erde gegeben. Es geistig auszuschöpfen bis zum letzten, ist deshalb seine bedeutsame Aufgabe. Jeder Tag, den er hier nach dem Willen seines Schöpfers in geistiger Ordnung lebt, bringt ihn seinem Ewigkeitsziel näher als Jahre unserer Zeitrechnung in jenseitiger Entwicklung. Darum ist es nicht nur Vermessenheit, wenn das Geschöpf sich das Recht nimmt, über sein Leben zu entscheiden, sondern sein Eingriff ist ein achtloses Wegwerfen des kostbarsten Gutes, das einem Wesen gegeben werden kann. Schrecklich ist nach der Tat das Erkennen des eigenen Verschuldens am Verlust des unwiederbringlich Verlorenen.

Den Lesern, die unter ihren Verwandten und guten Freunden jemanden kannten, der sich das Leben genommen hat, werden die folgenden Berichte Angst und Sorge verursachen. Dennoch darf gerade um des tiefen Ernstes willen, der über solcher Tat liegt, die Wahrheit nicht verschleiert oder gar verschwiegen werden. Aber auch den Trost darf ich ihnen nicht vorenthalten, daß die Umstände und Beweggründe, welche zum Selbstmord führen, für die Folgen dieser Tat weitgehend mitbestimmend sind. Denn wenn nicht Leichtfertigkeit oder hochmütig angemaßtes Selbstbestimmungsrecht den Menschen sein Leben achtlos wegwerfen läßt, sondern unverschuldet von außen ihn bedrängende Not und Gefahr ihn in verwirrende Angst und schließlich in solche Verzweiflung treibt, daß er nur noch die Flucht aus diesem Dasein als einzig möglichen Ausweg sieht, dann sind die Auswirkungen der Tat wesentlich andere. Aus eigenem Erleben des Jenseitsweges derart verzweifelter Menschen kann ich berichten, daß ihnen so wirksam geholfen wird, daß sie sehr bald in erträgliche, ja glückliche Zustände gelangen, besonders wenn es innerliche Menschen waren.

Aber auch für den schuldhaften Selbstmörder stehen in jedem Falle Helfer bereit. Nur ist er in seiner Verfassung, aus der heraus er seine unselige Tat beging, auch nachher nicht imstande, die ihm sich bietende Hilfe zu erkennen und anzunehmen. Ihm müssen erst die tiefen Leiden zu seiner inneren Erschließung helfen, und so dienen auch die harten Folgen schließlich zu seinem Besten.

Ein Bekannter von mir war Kaufmann und hatte eine Unterschlagung begangen, die entdeckt wurde. Er schoß sich eine Kugel in den Kopf. Mit diesem Armen, der im Grunde ein seelenguter Mensch gewesen war und nur aus Leichtsinn und ohne das Bewußtsein, einen anderen dadurch fühlbar zu schädigen, eine geringfügige Summe unterschlagen hatte, bekam ich sehr bald seelisch-geistige Verbindung. Er war in einem entsetzlichen Zustand. Dabei war ihm die volle Bedeutung seiner Tat noch keineswegs klar geworden. Den Grad der Verbindung mit seinem eigenen Geiste, woraus solche Erkenntnis der Seele nur kommen kann, besaß er noch nicht. Er wähnte sich noch im Leben und sah im Bewußtsein seiner strafbaren Handlung keinen anderen Ausweg als den Selbstmord. Immer wieder griff er – in der Erdgebundenheit seines Seelenleibes alles noch so wie im Leben fühlend und sich vorstellend – zur Waffe, um sich das Leben zu nehmen; und immer wieder, nach dem Schusse und dem vermeintlichen Tode, erkannte die Seele, daß sie sich das Leben ja gar nicht nehmen konnte, worauf sie dann aber sofort von neuem jener qualvollen Vorstellung verfiel, daß es aus der Schande der Bestrafung keinen anderen Ausweg gebe als den freiwilligen Tod. Die letzten, wie der Verzweifelte gemeint hatte, vorübergehenden Augenblicke der Seelenqual wurden zum Dauerzustand. Trat ich noch nach Wochen mit dem Verstorbenen in Verbindung oder kam mir diese ohne mein Zutun, ja gegen meinen Willen, so hörte ich jedesmal Schüsse fallen und fühlte ihn in der früheren, entsetzlichen Verzweiflung zwischen Schande und Tod.

Noch schrecklicher aber als die Verzweiflung dieser Seele war das jenseitige Erwachen jener jungen und schönen Frau, die in plötzlicher Anwandlung, aber sichtlich bei Bewußtsein, sich das Leben nahm. Sie erkannte am Tage nach dem verhängnisvollen Schritt die Bedeutung ihrer Tat. Wie eine Furie raste sie gegen sich selbst, raufte sich die Haare, schrie und verwünschte sich und die

Welt. Aber sie sah keine Welt. Sie war, wie das mit solchen Zuständen verbunden ist, in Dunkelheit und abgeschlossen von anderen Wesen. Doch eine Hilfe gab es noch für sie. Das wußte sie aus ihrem natürlichen Gedächtnis. Sie hatte mich ja im Leben flüchtig gekannt als den merkwürdigen Menschen, von dem es hieß, er reiche mit seinen Sinnen bewußt ins Jenseits. Wißbegierig, aber scheu und skeptisch hatte sie sich von mir erzählen lassen; nun gedachte sie meiner und wußte mich zu finden. Sie wußte auch einen Augenblick zu erspähen, der ihr günstig war, um mich regelrecht zu überfallen. Sie drang mit großer Gewalt in mich hinein und machte mich beinahe besessen. Gerade noch behielt mein Geist die Zügel in der Hand, nur so weit, daß ich nicht mein Bewußtsein an sie verlor.

So war ich zum größeren Teile jene Selbstmörderin, zum kleineren Teile ich selbst. Ich befand mich mit meinem seelischen und teilweise mit meinem körperlichen Bewußtsein in der Dunkelheit und Gottverlassenheit dieser armen Seele, mit meinem mir vollbewußten Geist aber stand ich in Himmelshöhen, und zwischen beiden vermochte ich auch noch die Vorgänge des natürlichen Lebens wahrzunehmen. So fühlte ich das Leid der Unglücklichen wie mein eigenes Leid. Während ich mich nur mit Mühe gegen dämonische Geister wehrte, die auch mich zur Tobsucht treiben wollten, hatte ich zugleich geistige Wahrnehmungen. Engel erschienen mir und spendeten mir Trost und Kraft. Sie sagten, ich müsse diese Zustände ertragen, indem ich darin eine Gnade sähe für jene Unglückliche, die aus ihrer Hölle keinen anderen Weg zur Selbstbesinnung wisse als den Weg durch mich. Ihre Abödung trenne sie von allen jenseitigen Wesen, nicht aber von dem Menschen, der aus der Kraft seiner geistigen Liebe fähig sei, ihre Sphäre zu erreichen.

Ich habe den seelischen Zustand meines Schützlings *ein Jahr* lang täglich durchkosten müssen, nicht immer in gleicher Stärke, aber immer als eine mich seelisch und sogar körperlich bedrückende Last. Ach, wenn doch die Menschen, die mit dem Gedanken des Selbstmordes spielen, diese arme Seele hätten fühlen und hören können! Wie oft bat sie mich, es hinauszurufen in die Welt: Hütet euch, ihr Verblendeten, vor dieser Tat, die ihr nie wiedergutmachen könnt!

Besonders verlangte sie, es allen Menschen eindringlich klar zu machen, daß die allgemein vorhandene körperliche Belastung mit Krankheitsstoffen, so wie es bei ihr selbst der Fall gewesen sei, das feinere Empfindungsvermögen und damit die Fähigkeit zur Erkenntnis geistiger Gesetze abstumpfe. Wie Unkraut hätten die ererbten und durch falsche Lebensweise angehäuften Fremdstoffe das Empfindungsvermögen des Körpers und sogar das ihres Seelenleibes überwuchert und im Verein mit Lässigkeit und Eigensinn die entscheidende Verirrung der von ihrem Geiste zuletzt abgeschnittenen Seele verursacht. Sie wußte, daß meine Hilfe ja eben darin bestand, ihr die unreine Stofflichkeit ihres Seelenleibes abzunehmen und die Seele gleichzeitig durch die Strahlkraft meines Geistes mit ihrem eigenen Geiste zu verbinden.

Ungefähr nach Jahresfrist wurde ihr Zustand besser. Niemand aber glaube, daß ihre Qualen damit ein Ende erreicht hätten. Sie hat durch mich zwar allmählich immer engere Verbindung mit ihrem eigenen Geiste erhalten und sieht nun selbst das Ziel ihres Weges. Aber in dieser Verbindung mit ihrem Geiste liegt ja immer neue Qual. Denn der Geist ruht nicht, der Seele ihre Schuld zu ihrer Läuterung vorzuhalten; bis diese einmal erreicht sein wird, ist der Weg noch unabsehbar weit.

Es ist erschreckend, wieviele Menschen heutzutage sich ausschließlich dem Streben nach Erwerb und Genuß zuwenden oder so sehr zum Sklaven ihrer Gewohnheiten und Süchte werden, daß sie ahnungslos und widerstandslos dem Einfluß gleichgesinnter Seelen niederer Entwicklungsstufen oder gar jenem dämonischer Kräfte erliegen. Tritt dann in einer vermeintlich ausweglosen Lage die Versuchung zum Selbstmord an sie heran, so kann ihr Geist nicht eingreifen, um die unheilvolle Tat zu verhindern. Er kann es nämlich nach geistigen Gesetzen nur bei *dem* Menschen, dessen Seele ihn *sucht* und nicht nur im kritischen Augenblick sucht, sondern täglich, stündlich, im ganzen Leben, und die sich ihm als sein gehorsames Werkzeug hingibt. Den Geist suchen und ihm folgen aber heißt *Gott* suchen, und Gott suchen heißt sich an den halten, der in dieser Welt sein Menschliches vergöttlicht hat: Christus. Nur die ständige Verbundenheit mit Christus im Gebet kann uns vor den Anschlägen des Widersachers bewahren. Traue niemand auf eigene Kraft, niemand auf Überlegenheit den dämonischen Eingebungen gegenüber! Nur das Bewußtsein, aus *eigener* Kraft *nichts* zu vermögen, *gibt* erst die Kraft.

Kontakte mit dem Jenseits

Mit den vorstehend berichteten Erfahrungen stehe ich nicht allein. Es gibt aus früherer und heutiger Zeit zuverlässige Zeugnisse darüber, daß einzelne gottverbundene und gefühlsoffene Menschen die Verstorbenen wahrnehmen. Ihre Berichte bestätigen, was im Kapitel »Die Seele im Zwischenreich« ausgeführt wurde: Viele Abgeschiedene finden sich im Jenseits zunächst nicht zurecht. Das Ablegen des grobstofflichen Körpers bedeutet für die Seele zwar eine einschneidende Veränderung, aber noch keine Wandlung. Sie ist in der Gesellschaft ihr gleichgearteter Seelen und hat von sich aus keinen Zugang zu denen, die schon auf eine höhere Stufe gelangt sind. Von ihnen ist sie durch eine andere Schwingungsfrequenz getrennt, nicht jedoch vom Erdenmenschen. Deshalb strebt die Seele, bis sie die richtige Verbindung mit ihrem eigenen Geiste findet, oft hilfesuchend zu den noch Lebenden zurück, die ihr nahestanden. Doch nur selten wird einer von diesen die Nähe und das Begehren der Seele bemerken. Kommt die Seele aber aus eigener Erinnerung oder durch geistige Führung zu einem sensitiven Menschen, so spürt dieser ihre Nähe; bei manchen steigert sich dies Gefühl bis zum deutlichen Wahrnehmen der Seele und ihres Zustandes.

Da der Mensch in Körper, Seele und Geist Entsprechungen zu den Sphären verschiedener Schwingungsfrequenz in sich trägt, kann derjenige, der selbst schon der Einung von Seele und Geist nahegekommen ist, mit den Seelen der Abgeschiedenen in geistige Verbindung treten. Mir ist es erlaubt, durch innerliche, geistige Einwirkung manchen unter ihnen die ordnende und erlösende Kraft der göttlichen Liebesmacht zu vermitteln. Je nach der Stärke ihrer geistigen Liebe können das auch andere, zum mindesten können sie für die Abgeschiedenen beten und sie an Christus als die Quelle allen Heils verweisen.

Anderseits gibt es gelegentlich sensitive oder mediale Menschen, die nicht von hilfesuchenden Seelen bedrängt, sondern von schon höherentwickelten Abgeschiedenen zu Empfängern von Botschaften ausgewählt und ausgebildet werden. Die Jenseitigen werden dabei von dem Wunsche geleitet, den noch hier Lebenden die Realität des Weiterlebens begreiflich zu machen. Ihre Aussagen sind ernst zu nehmen, dürfen aber niemals auf dieselbe Stufe gestellt werden, welche den aus himmlischen Sphären oder von Christus selbst gegebenen Offenbarungen zukommt.

Alle bisher erwähnten Kontakte mit Jenseitigen spielen sich im Inneren des sensitiven Menschen ab; ihnen stehen jene Kontakte gegenüber, die mit sichtbaren Erscheinungen verknüpft sind, angefangen vom automatischen Schreiben bis zur Materialisierung von Gestalten. Diese sehr häufig beobachteten und bezeugten Vorgänge und Erscheinungen sind stets das Ergebnis eines Zusammenwirkens von Jenseitigen und medial veranlagten körperlichen Menschen, es sei denn, solche Phänomene werden in unlauterer Absicht vorgetäuscht. Manche Parapsychologen halten allerdings daran fest, alle seelischen Fähigkeiten, die solche Erscheinungen hervorrufen, allein der im Körper lebenden Seele zuzubilligen und so zu tun, als ob es abgeschiedene Seelen mit den gleichen Fähigkeiten gar nicht gebe. Grundsätzlich trägt auch die im Körper lebende Seele diese Fähigkeiten in sich, doch ist sie durch ihre Bindung an den schwerfälligen Körper viel zu sehr behindert. Die abgeschiedene Seele wiederum kann ihre besonderen Kräfte viel freier entfalten; ihr selbst aber stehen jene dichteren Mittelstoffe nicht mehr zur Verfügung, mit deren Hilfe sie während des Erdenlebens den grobstofflichen Körper regiert hat. Will sich nun eine abgeschiedene Seele auf der diesseitigen Ebene, auf die sie ja eigentlich nicht mehr gehört, in sichtbaren Kraftleistungen durch Bewegen körperlicher Gegenstände betätigen oder sonstwie den äußeren menschlichen Sinnen bemerkbar machen, dann braucht sie dazu die Mithilfe von Menschen, welche ihr jene dichteren Mittelstoffe leihen können. So kommt es, daß alle rätselhaften Erscheinungen an die Gegenwart »vermittelnder«, »medialer« Menschen gebunden sind, was zu der Annahme verleitet, daß lediglich in diesen medialen Personen Ursache und Anlaß der Erscheinungen zu suchen sei. Dabei ist es in Wahrheit so, daß der Wille und die Triebkraft zu solchem Vorgange aus einer unsichtbaren Geistpersönlichkeit kommen und der mediale Mensch freiwillig oder unfreiwillig vermittelnde, »mediale« Kräfte und Stoffe zur Verfügung stellt.

Auch in spiritistischen Sitzungen können unter günstigen Umständen ernstzunehmende Erklärungen gegeben werden, doch bekunden sich dort nicht selten Seelen aus den noch recht unvollkommenen Sphären des sogenannten Zwischenreiches. Ob man es mit höheren oder niederen Geistern zu tun bekommt, hängt sehr von der inneren Einstellung der Sitzungsteilnehmer ab. Ein einziger ungünstiger Mensch, den eine gegensätzliche, feindselige Sphäre umschließt, kann durch seine Anwesenheit jenseitigen Störenfrieden den Zutritt vermitteln und eine ernste Forschungssitzung zum Schauplatz törichten Geisterspuks machen oder das Zustandekommen jeglicher medialer Bekundungen vereiteln. Man ist vor unliebsamer Einmischung niederer oder feindseliger Geister niemals ganz sicher; darum ist allen medialen Kundgaben gegenüber stets Vorsicht geboten, und sie sollten niemals unbesehen als Wahrheit hingenommen werden. Man hat sie stets zu prüfen wie irgendwelche Äußerungen unserer Mitmenschen.

Niemand soll leichtfertig nach den Geheimnissen des Jenseits greifen. Spielerische Neugier hat vielen schon schweren Schaden gebracht. Denn die Gefahren der bewußten Beziehung zu jenseitigen Wesen sind unabsehbar, vor allem durch die Rückwirkung auf die beständigen unbewußten Beziehungen. Grundsätzlich soll der Mensch alle Entscheidungen seines Lebens aus seinem eigenen Geiste, unter Zuhilfenahme seiner Vernunft, nicht aus dem Geiste anderer treffen und soll die Gestaltung aller seiner Lebensverhältnisse der Liebe und Weisheit der göttlichen Vorsehung anheimstellen. Er soll nach der Verbindung mit jenseitigen Wesen nicht streben, weil er dieser Verbindung für die Erfüllung seiner Lebensaufgabe nicht bedarf. Es genügt, daß er seine jenseitigen

Freunde und Lieben im Herzen trägt. Er soll diese Herzensverbindung nach Kräften pflegen, um seiner Lieben und seiner selbst willen. Die Abgeschiedenen sind tief unglücklich, wenn sie wahrnehmen, daß ihre Hinterbliebenen ihrer nicht mehr gedenken oder in dem Sinne gedenken, als seien sie nicht in ein anderes Leben hinübergegangen, sondern zu Staub und Asche geworden. Groß dagegen ist ihre Freude, wenn sie erkennen, wie der Glaube an ein persönliches Fortleben im Herzen ihrer Hinterbliebenen keimt.

Die Geistnatur der Materie

Die Wege, auf denen der Geist dem Denken des Mystikers die Erkenntnis zuführt, sind verschieden. Mir war das geistige Hellgefühl im Körper mitgegeben worden als Voraussetzung für die Erkenntnisse, die mir zuteil werden sollten, und für die Aufgabe, zu der ich bestimmt war. Nicht nur meine Seele, auch die Materie meines Körpers war aus Veranlagung so beschaffen, daß sie für den Eintritt des Geistes möglichst vollkommen offen lag. Solche Offenheit der Körperstofflichkeit für ihr Durchwirktwerden vom Geiste bringt es notwendig mit sich, daß die Empfindungsfähigkeit des gesamten Körpers in ganz ungewöhnlicher Weise gesteigert ist, und dies um so mehr, je enger der Geist sich der Materie verbindet. Damit gleichlaufend wird dem gesteigerten Hellgefühl das Innenwesen der Materie immer deutlicher erkennbar.

Auf Grund meiner Hellfühlwahrnehmungen gelangte ich zu der Einsicht, daß das, was Materie heißt, im Grunde seines Wesens nichts anderes ist als Geist, wenn auch Geist, der in einen völlig ungeistigen Zustand geraten ist. Die Geistnatur der Materie ist für den geistig Hellfühlenden erlebte Wirklichkeit und durchaus nicht bloße gedankliche Folgerung. Es gehört jedoch die Empfindungstiefe des reinen Geistes dazu, um der menschlichen Wahrnehmung zu erkennen zu geben, daß selbst die leblos scheinende Materie von gleicher Wesensgrundlage ist wie der Geist selber. Allein seelisches Hellgefühl, und sei es noch so fein, kann mit seiner Wahrnehmung nicht in solche Tiefe dringen. Je stärker und tiefer der Geist den Körper durchdringt, desto mehr weckt er die Kleinstteile der Körpermaterie aus ihrer todähnlichen Starre und läßt mich erkennen, daß sie ganz kleine, primitive Geistwesen sind, die eine Art selbständiges Empfindungsvermögen und einen ausgeprägten Eigenwillen besitzen. Mit zunehmender Regsamkeit werden sie für die Wahrnehmung zu »Materiegeistern« des Körpers, die zu mir sprechen, mir ihre Empfindungen, ihre Neigungen, ihr Wünschen und Wollen kundgeben. Ganz ähnlich erfahre ich die feinstofflichen Einzelteile der Seele als eigenbewußte und eigenwillige Geistwesen, als »Naturgeister« der Seele.

Diese Partikel der körperlichen und der seelischen Substanz muß ich Materiegeister und Naturgeister nennen, um ihre Grundbeschaffenheit zu kennzeichnen. Als zersplitterte Teile einer gefallenen Geistwelt haben sie deren einst hohe Schwingungsfrequenz eingebüßt, so daß ein schwer überbrückbarer Abstand zwischen ihrer niedrigen Schwingungsfrequenz und der hohen des individuellen Menschengeistes entstanden ist. Die Materiegeister des Körpers und die Naturgeister der Seele sind gleichen Ursprungs, sie sind einander verwandt und unterscheiden sich nur durch den ungleich stärkeren Eigenwillen der Materiegeister. Denn es dürfte unschwer einleuchten, daß die so viel gröbere Derbheit und Starrheit der *Körper*materie – gegenüber dem Leichtstoff der *Seele* – in der entsprechend stärkeren, geradezu unzugänglichen *Eigenwilligkeit* der Materiegeister ihre Ursache hat. Die unüberwindliche Starrheit der Materie ist nichts anderes als der Ausdruck des starren Eigenwillens ihrer Einzelteile. Dieser Eigenwille ist der Daseinswille der bis zum äußersten gesteigerten Eigenliebe des Wesens, das uns als Materie erscheint und alle Kennzeichen der Materie nur deshalb an sich trägt, weil es durch eben diese seine Eigenliebe in den Zustand der äußersten Gottferne und damit in den Zustand scheinbarer Leblosigkeit geraten ist.

Mein geistiges Hellgefühl hat mich erfahren lassen, daß Materiegeister zum Wesen jeder Materie gehören. Sie sind aber in ihrem Selbsterhaltungswillen so erstarrt, daß eine Lockerung desselben erst dann beginnen kann, wenn sie als Bestandteile eines menschlichen Körpers in einen Lebenszusammenhang mit dem Geist kommen. Zunächst aber empfinden sie die Strahlung des Geistes als Bedrohung und stemmen sich in ihrem Selbsterhaltungsstreben dem geistigen Willen entgegen, wodurch Unstimmigkeiten im Zellhaushalt auftreten, welche sich in der Seele als Verstimmung gegenüber dem Mahnen des Gewissens bemerkbar machen. Im Gefüge des Körpers finden sich Myriaden von Materiegeistern; diese sind von ganz verschiedenem Charakter, nur in ihrem starren Eigenwillen sind sie alle gleich. Die Vorstellung, daß die Materie trotz ihrer Schwere und Starrheit im Grunde gleichen Wesens mit dem Geiste sei, dürfte heute dem Verstande wohl nicht mehr als unannehmbar erscheinen, nachdem die Physiker mit der Spaltung des Atoms den Beweis dafür erbracht haben, daß die undurchdringlich scheinende Masse der Materie nichts anderes ist als geballte Kraft und daß die dichteste Stoffmasse sich zu einem stofflichen Nichts verflüchtigen läßt, sobald es gelingt, die geballten Kräfte aus ihren Fesseln zu befreien und zur freien Auswirkung zu bringen. Die entfesselten Atomkräfte wiederum geben in der unheimlichen und unbändigen Wucht ihrer Wirkung zu erkennen, wie unbeugsam ihr Eigenwille ist.

Dem Daseinswillen der *eigenliebigen* Materie steht als äußerster Gegensatz gegenüber der Daseinswille des reinen Geistes als Ausfluß der *All-Liebe.* Der Daseinswille der Eigenliebe will das Glück für sich selbst; der Daseinswille der All-Liebe will das Glück für alle anderen. Jener möchte alles, was ihm gefällt, für sich haben; dieser möchte alles, was er ist und hat, allen anderen schenken. Es wäre also »nur« eine volle Kehrtwendung ihres Daseinswillens notwendig, um die Materie auch der Erscheinungsform nach wieder zu Geist werden zu lassen, so daß sie alle Gebundenheit verlöre und wieder frei und »immateriell« würde. Solche Umkehr der Willensrichtung ist jedoch gleichbedeutend mit dem endgültigen Verzicht auf alles eigene Wünschen, ist das restlose Aufgeben alles Eigenen, ein Ansinnen, das dem kurzsichtigen, selbstischen Eigenwillen der Materiegeister als die Aufforderung zu völliger Selbstvernichtung und darum unannehmbar erscheint.

Ich spreche hier ja nicht von dem durch höhere Einsicht zu lenkenden Willen der Gesamtpersönlichkeit des Menschen, sondern von dem Daseinswillen der Kleinstteile der Körpermaterie, die im natürlichen, nicht geistig hellfühlenden Menschen noch weit davon entfernt sind, ein klares Bewußtsein zu haben, sondern nur aus triebhaftem Empfinden leben und streben. Mit höherer Einsicht ist ihnen nicht beizukommen; sie müssen in die größte Not und äußerste Verzweiflung gestürzt werden und ihre gänzliche Ohnmacht erleben, damit sie ihre Starrheit aufgeben. Das geschieht durch das Sterben und den Zerfall des Körpers in der Verwesung.

Tod, Bestattung und Verwandlung

Gewöhnlich zieht sich der Geist schon Stunden, manchmal gar Tage vor dem Eintritt des Todes ganz aus dem Körper zurück. Dadurch erfährt das Bewußtsein der noch im Körper verbleibenden Seele deutlich eine Verminderung, oft sogar bis zu völliger Bewußtlosigkeit, so daß der Sterbende von den weiteren Vorgängen der Loslösung kaum etwas empfindet. Diese selbst vollzieht sich ohne großen Kampf bei jenen Menschen, deren Seele dem Geiste einigermaßen geneigt war. Anders bei stark weltlich gesinnten Menschen. Deren Seele will den Körper nicht loslassen; sie verkrallt sich in ihn, und der Geist hat große Mühe, sie herauszulocken.

In ganz krassen Fällen von Weltliebe kommt es vor, daß die Seele mit ihren niederen Teilen sogar nach Aufhören aller Lebensäußerungen der körperlichen Organe noch im Körper verbleibt. Der Geist entzieht ihr zwar alle höheren Kräfte, und sie fällt in tiefe Ohnmacht und dumpfe Betäubung, aber am Körper hält sie fest; und erst durch die beginnende Verwesung wird sie aus ihrer Lähmung aufgeschreckt und im wahrsten Sinne des Wortes aus dem Körper herausgeekelt. Im Falle einer Feuerbestattung empfindet solch eine Seele auch noch den Verbrennungsschmerz und wird durch diesen aus dem Körper vertrieben. Bei Menschen mit derartig weltsüchtiger Seele besteht auch die Möglichkeit des Scheintodes.

Für den geistig gereiften Menschen ist die Art der Bestattung seines Körpers von nebensächlicher Bedeutung, für andere jedoch nicht. Die Feuerbestattung ist noch vor gar nicht langer Zeit von der katholischen Kirche grundsätzlich abgelehnt worden. Für diese Ablehnung war hauptsächlich wohl der Gesichtspunkt maßgebend, daß man meinte, in der Leichenverbrennung das Aufleben heidnischer Sitte sehen zu müssen. Der Erdbestattung ist vom lebensgesetzlichen Standpunkt aus insofern ein Vorzug zuzuerkennen, als sich bei ihr die Auflösung und der Zerfall der Körpermaterie in der natürlichsten Ordnung vollziehen und wohl auch für die Seele des Abgeschiedenen die geringsten Schwierigkeiten mit sich bringen, vorausgesetzt, daß es sich um einen Menschen handelt, in dem die Weltliebe kein entscheidendes Übergewicht mehr gehabt hat.

Für den Menschen mit unreifer, am Körper hängender Seele dagegen ist die Feuerbestattung entschieden günstiger. Die plötzliche und gewaltsame Umgestaltung der Körpermaterie ist für solche Seele sogar eine gewisse Hilfe, indem sie ihr das weitere Hängenbleiben am Körper unmöglich macht. Es gibt nur allzuviele Menschen, deren Seelen dem Sinnenleben des Körpers so schmerzlich nachtrauern, daß dessen weiteres Schicksal der Zersetzung im Grabe ihre ganze Anteilnahme in Anspruch nimmt. Solche Abgeschiedene bleiben oft jahrelang wie gebannt in der Nähe des Grabes.

Die durch die Einäscherung ja nur rein physikalisch umgewandelte Körpermaterie geht der Seele ebensowenig verloren wie die im Grabe sich langsam zersetzende. Das gilt selbstverständlich auch für andersartige Zerstörung und Zerstreuung der Körpermasse etwa bei Tod durch eine Bombe oder eine sonstige Explosion. Die durch solche Gewalteinwirkung verursachte Veränderung der Körpermaterie ist für die Materiegeister eine recht überraschende Umgruppierung auf der materiellen Ebene, der Vergeistigung aber kommen sie dadurch noch nicht näher. Ihre Umwandlung in den Zustand seelischer Feinstofflichkeit vollzieht sich dann nur in anderer Örtlichkeit, in der Atmosphäre, und kann dort nicht unerhebliche Beunruhigung hervorrufen.

Während des Lebens überstrahlte die höhere Liebe der Seele und des Geistes die krasse Eigenliebe der Materiegeister und verbürgte den Zusammenhalt des Zellenstaates. Wenn sich aber im Tode alle höhere Liebe aus ihnen zurückzieht und sie sich selbst überlassen bleiben, dann führt die starre Eigenliebe der Materiegeister notwendig zum Zerfall des Körpers, weil sie den Zusammenhalt untereinander verlieren müssen, wenn jeder Einzelteil ausschließlich auf die Wahrung seiner Eigenart bedacht ist und auf die anders gearteten Nachbarn keinerlei Rücksicht nimmt.

Das ist kein dichterisches Gedankengemälde, durch welches ich dem Tode und der Zersetzung des Körpers einen besonderen Sinn zuschreiben will; vielmehr ist auch diese Darstellung nur ein Bericht über erlebte Wirklichkeit. Für mich ist auch der entseelte Körper durchaus nicht tot. Mein Geist macht mir nicht nur die Materiegeister meines eigenen Körpers bewußt, sondern kann mich auch die Materiegeister in jedem anderen, ob lebenden oder toten, menschlichen Körper wahrnehmen lassen, wenn er mich mit diesem hellfühlend verbindet.

Die Güte und Weisheit Gottes hat auch für die Materiegeister des entseelten Körpers eine weitere Entwicklung vorgesehen. Die Grundlage dafür ist der durch das Leben geschaffene Zusammenhang der Materiegeister mit Seele und Geist, welcher auch über den Tod des Körpers hinaus erhalten bleibt. Wie der Geist dem lebenden Körper ununterbrochen Lebenskraft zuführte, so hält er während des nun folgenden Entwicklungsabschnittes alle Materiegeister, die sich von seiner Strahlung haben prägen lassen, wie ein Magnet in seinem Strahlungsbereich.

Wenn die Körpermaterie zerfällt, dann findet in ihr unter der Leitung von Geistern höchster Sphären eine Sichtung und Scheidung statt zwischen den wirklich wesenseigenen Bestandteilen des betreffenden Menschen und den Fremdstoffen, welche als Krankheitsbelastung oder sonstige Unreinheiten in den Körper gelangt sind und einer wahren Angleichung an das Wesen im Sinne einer Vergeistigung widerstreben. Tod und Verwesung machen den starren Eigenwillen der Materiegeister mehr und mehr gefügig, so daß sie sich in ihrer Ohnmacht und Ratlosigkeit schließlich doch den um sie bemühten Geistkräften zur Umwandlung überlassen. Zu seelischem Feinstoff umgewandelt werden sie alsdann der Seele nachgeführt. Wie am natürlichen Himmel zeitweilig Wolken die Sonne verdecken, so trüben diese stofflichen Nachzügler wieder und immer wieder die Atmosphäre der Seele, und die Sonne des Geistes muß diese Trübungen mit ihrer Strahlung allmählich verteilen, aufhellen und auflösen. In dieser Weise nimmt die Entwicklung ihren unablässigen Fortgang, bis der gesamte Körper verflüchtigt ist.

Dies vollzieht sich unabhängig vom Willen der Seele, welcher ja auch während des Lebens die Lebenskraftzufuhr vom Geiste in den Körper nicht unterbinden konnte. Die Umwandlung der Materiegeister in Seelensubstanz nimmt ihren gesetzmäßigen Verlauf auch dann, wenn die Vergeistigung der Seele noch nicht begonnen hat oder noch nicht bis zur völligen Einung von Geist und Seele vorgedrungen ist.

Wenn ich bei gelegentlichen Friedhofsbesuchen an ein Grab herantrete, dann ist gewöhnlich der Innenmensch, dessen Körper dort bestattet liegt, sogleich für mich wahrnehmbar; besonders dann, wenn es sich um einen Menschen handelt, der mich im Leben gekannt hat. Meistens setzt dann ein Strömen von Feinstoffen ein, die, aus dem Grabe kommend, durch mich hindurchfließen und dem Abgeschiedenen zugeleitet werden. Das ist in seelischen Feinstoff umgewandelte Körpermaterie. Auch wo eine Urne mit Aschenresten beigesetzt worden ist, ereignet sich genau das Gleiche.

Vergeistigung der Körpermaterie

Das eigentliche Entwicklungsziel ist die Einswerdung des gesamten Menschen. Nicht nur Geist und Seele sollen zu einer Einheit verschmelzen, sondern *Geist, Seele und Leib* sollen ein völlig einheitliches Wesen werden; erst dadurch wird der Mensch zu einem freien Gotteskinde. Soll er dann den ihm bestimmten Platz im Reiche Gottes einnehmen, wo neue Aufgaben auf ihn warten, so müssen alle drei Wesensschichten zuvor eine Wandlung erfahren. Diese Wandlung hat Jesus als ein »Von-Neuem-Geborenwerden« bezeichnet. Aus eigener Kraft kann der Mensch es nicht herbeiführen, er muß sich dem Wirken Gottes überlassen, welches seinen Weg immer über den Menschengeist nimmt. Deshalb bedarf dieser zuerst der Wiedergeburt aus allem eigenen Wollen zur völligen Ergebung in den göttlichen Willen. Seele und Körper, die beiden aus der irdisch-kosmischen Welt stammenden Wesensschichten, sind aus unzähligen Einzelteilen zusammengesetzt; ihre Wiedergeburt geht so vor sich, daß die Naturgeister der Seele und die Materiegeister des Körpers vom Geiste durchstrahlt und ganz allmählich aus ihrem Eigenwillen herausgelöst werden. Jeder Natur-

oder Materiegeist, der im Zuge seiner Vergeistigung die hohe Schwingungsfrequenz erreicht, welche dem Geiste selber eigen ist, wird in den Geistleib aufgenommen. Dieser Ablauf nimmt in den meisten Fällen so lange Zeiten in Anspruch, daß die (im vorigen Kapitel dargestellte) Umwandlung der Materiegeister zu Seelensubstanz beendet ist, bevor alle Naturgeister der zugehörigen Seele vergeistigt worden sind. Ganz anders dort, wo der Menschengeist schon im Erdenleben seine eigene Wiedergeburt erlangt und mit der Vergeistigung seiner Seele begonnen hat. Die Einung des geistigen und des seelischen Willens kann in einem Leben der Demut vor Gott und der Liebe zu den Mitmenschen schon hier erreicht werden. Aber auch dann nimmt der Mensch noch seelische Unvollkommenheiten mit ins Jenseits und reinigt sich dort von ihnen, in einer Entwicklungsphase, die ich das »Zwischenleben« nenne. Gleichlaufend werden auch diejenigen Schichten des Seelenleibes, welche den physischen Leib zu erhalten hatten, vergeistigt und in den Geistleib aufgenommen. Bei solchen innerlich frommen Menschen erfolgt mit der voranschreitenden Vergeistigung ihrer Seele schon eine Lockerung des Eigenwillens der Materiegeister; deren wirkliche Vergeistigung kann jedoch erst beginnen, wenn Geist und Seele völlig eins geworden und verschmolzen sind.

Während das Übergehen der feinstofflichen Seele in den Geist dem irdischen Verstande einigermaßen faßlich ist, erscheint ihm die Umwandlung der Körpermaterie zu Geist zunächst als eine Unmöglichkeit. Es sieht doch ganz so aus, als sei die Rolle des Körpers mit dem Tode ausgespielt; trotzdem hat es immer ein verborgenes Wissen davon gegeben, daß er nicht endgültig abgetan ist. Das christliche Glaubensbekenntnis spricht seit jeher (wenn auch in jeweils anderen Wendungen) davon, daß auch er auferstehen und am ewigen Leben teilnehmen wird. Allerdings hat fast niemand eine Vorstellung, wie der abgelegte Körper am weiteren Leben auf geistiger Ebene teilnimmt. Ich selbst erhielt Aufschluß darüber, als mein Geist mich mittels meines Hellgefühls am eigenen Leib die Vorgänge erkennen ließ, die zur Umwandlung der Körpermaterie führen.

Jeder einzelne Mensch wird von Gott den Entwicklungsweg geführt, der für ihn der richtige ist, und jeder wird einen anderen Weg geführt. So ist auch die Zeitspanne jeweils eine andere, welche zur Erlangung der geistigen Wiedergeburt, zur Vergeistigung der Seele und zur Umwandlung der Materiegeister in Seelensubstanz erforderlich ist. Alle diese Vorgänge aber sind unerläßliche Vorstufen zum Aufbau des *Auferstehungsleibes*; erst in ihm wird der Mensch zu einem Bürger im Reiche Gottes. Die Einung von Geist und Seele genügt dazu nicht, auch die Materiegeister des Körpers sollen am weiteren Leben teilnehmen. Sie dürfen also nicht in dem Schwingungsbereich verbleiben, den sie durch ihre entwicklungsmäßige Umwandlung in Seelensubstanz erreicht hatten. Auch sie müssen vergeistigt werden und die Schwingungsfrequenz erhalten, die dem Geiste selber eigen ist. Diese Vergeistigung der Materiegeister ist der letzte und schwerste Abschnitt in der Entwicklung des Menschen zu einem Kinde Gottes.

Der Auferstehungsleib ersteht also dann, wenn dank dem Erreichen der höheren Schwingungsfrequenz zunächst die Naturgeister der Seele in den Geistleib eingegangen sind und diesem nun die ersten vergeistigten Materiegeister des Körpers nachgeführt werden. Sein Aufbau ist ein Wirken Gottes, doch sind die vorangehenden Entwicklungsstufen nicht zu umgehen. Beim derzeitigen Stande der Menschheitsentwicklung sind Tod und Verwesung unabänderlich notwendige Vorgänge – und doch sind sie als äußeres sichtbares Naturgeschehen nur ein Umweg, der nicht zu sein brauchte, ein Umweg, mit dem Gottes Güte und Weisheit dem Menschen die Möglichkeit offen gehalten hat, die Wiedergeburt zu erlangen und in das Reich Gottes einzugehen. Dieser Umweg über Tod und Verwesung soll nach Gottes Ratschluß einmal überflüssig werden. Auf dem geradesten und kürzesten Wege soll der Mensch, in Geist, Seele und Körper geeint, aus diesem Leben unmittelbar in das geistige Leben hinübergehen können. Diesen Weg zu bahnen, dazu dient die Entwicklung, durch welche die Körpermaterie in den Vergeistigungsvorgang miteinbezogen, also während des Lebens zu Geist umgewandelt wird.

Wie mit einem Zeitraffer ist an meinem Leben zu verfolgen, was sich an anderen Menschen erst nach dem Tode in langen Zeiten abspielt: der *völlige Sinneswandel der Materiegeister* des Körpers, die ihren Eigenwillen auf Selbstbehauptung aufgeben. Der Mensch nimmt unaufhörlich Materiegeister verschiedenster Art in sich auf, vor allem in der Nahrung. Viele davon werden sogleich wieder ausgeschieden, andere aber werden als Baustoffe für die Körperzellen verwendet, nicht nur während des Heranwachsens, sondern während des ganzen Lebens. Denn der Aufbau und Abbau der Zellmaterie geht unablässig weiter, so daß sie – nach einer in der medizinischen Wissenschaft vertretenen Ansicht – in einem Zeitraum von sieben Jahren erneuert wird. Dieser Prozeß einer ständigen Veränderung ist für das menschliche Auge genau so wenig wahrnehmbar wie die meisten anderen Lebensvorgänge. Bei den Materiegeistern, die »wesenseigene« sind, d. h. gleichen Charakters wie alle jene, die sich in der befruchteten Eizelle vorfanden, aus welcher der Körper erwuchs, kann ihre Zugehörigkeit zum Körper eine Verbindung mit dem Geiste begründen, die auch nach ihrem Ausscheiden aus der Zellmaterie bestehen bleibt. Wo diese Verbindung aber zu locker ist, kehren sie in den Kreislauf der Materie zurück, in den auch alle nichtwesenseigenen Materiegeister, vor allem Krankheits-, Rausch- und Arzneigifte, zurückkehren. Die wesenseigenen Materiegeister jedoch, die zum Zeitpunkt des Todes der Zellmaterie angehören, können sich nicht aus dem Zusammenhang mit Seele und Geist lösen; sie werden in den Zersetzungsvorgängen der Verwesung, die sich getrennt von dem Bewußtsein der abgeschiedenen Seele abspielen, und auch nach deren Ende einer fortschreitenden Zermürbung ihres starren Eigenwillens ausgesetzt.

Je mehr die Materiegeister ihren Eigenwillen zurückstellen, desto mehr nähern sie sich der höheren Schwingungsfrequenz der Seele und werden schließlich zu seelischem Feinstoff. Damit werden sie empfänglich für die Liebesstrahlung des Geistes, der nun seine Vergeistigungsarbeit an ihnen verstärkt und fortführt, bis er sie wirklich umgewandelt hat. Dieser sonst lange Zeit beanspruchende Prozeß soll bei mir in der Spanne eines Erdenlebens vollendet werden. Deshalb erlebe ich die Körpervergeistigung als eine Auseinandersetzung von äußerster Heftigkeit. Bricht nämlich der individuelle Menschengeist in die Materie des lebenden Körpers ein, dann beginnt die Auflösung ihres inneren Gefüges. Es geschieht ganz dasselbe, was die neuzeitliche Physik durch die Atomzertrümmerung veranlaßt: es werden Elementarteilchen in Freiheit gesetzt, die bisher, durch naturgesetzlichen Zwang gebändigt, unaufhörlich innerhalb der Atome umzulaufen genötigt waren. Jetzt werden sie aus diesem Zwang entlassen und bekommen die Möglichkeit, ihre unbändige Kraft nach ihrem Eigenwillen wirken zu lassen.

Zwar werden unter der weisheitsvollen Leitung des den Menschengeist führenden Gottgeistes immer nur so viele dieser Materiegeister in Freiheit gesetzt, daß sie die Führung des menschlichen Wesens nicht ganz an sich reißen können, doch ist ihr Ungestüm so ungeheuer groß, daß der Mensch sich während des Kampfes mit ihnen ständig am Rande des Wahnsinns fühlt. Kein Wunder! Denn das Ansinnen, sich dem Geiste völlig hinzugeben und ihre Eigenliebe in das Gegenteil, in die geistige selbstlose Liebe umwandeln zu lassen, erscheint den Materiegeistern als die Zumutung, in ihre gänzliche Vernichtung einzuwilligen; daher ihr heftiges Widerstreben. Und den Umwandlungsvorgang selbst erleben sie als ein wahrhaftiges Sterben. Sie werden aber nicht vernichtet, nicht aufgelöst, sondern leben, wenn sie ihren Eigenwillen restlos aufgegeben haben, als Teile des Auferstehungsleibes weiter.

Das Wirken Gottes hat nun ganz gewiß nicht meine Person zum Ziele, sondern ist die Vorbereitung einer weiteren Stufe, auf welche die Menschheit einmal gehoben werden soll, wenn sie sich dazu bereitfindet. Zunächst soll der einzelne Mensch in seiner eigenen Vergeistigung vorankommen, wozu allerdings große Hingabe- und Opferbereitschaft vonnöten sind. Deshalb ist es keineswegs sicher, daß genügend Menschen die von Gott eröffnete Möglichkeit nutzen werden, damit schließlich die ganze Menschheit die höhere Stufe erreichen kann.

Der Gedanke, daß sich die zunehmende Vergeistigung des Menschen schon aus dem bisherigen Gang der Evolution ablesen und auch in Zukunft erwarten läßt, ist schon verschiedentlich ausgesprochen worden. Kürzlich hat der Züricher Physiker Walter Heitler in einem Aufsatz unter dem Titel »Stufen der Belebung und der unverwesliche Leib«* ausgeführt: »Die Linie begann bei der leblosen, durch völlig starre Gesetze regierten Materie, durch Stufen der Belebung und eines allmählichen Zurückdrängens des Elementes des Toten bis zum menschlichen Körper, dessen Verhalten teilweise vom Geist her bestimmt ist.

Die Fortsetzung der Linie ist eigentlich klar. Sie führt zunächst zu noch höherer Vergeistigung, verbunden mit einem weiteren Zurücktreten, einer weiteren Überwindung des Toten. Damit verbunden wäre eine weitere Befreiung, eine größere Freiheit von der Determinierung, die das Tote charakterisiert. Wohin führt sie am Ende? Offenbar zu einem Körper, der ganz und gar *nur* vom Geist her beherrscht ist, zu gänzlich verwandelter und durchgeistigter Materie, in der die Gesetze des Toten (das heißt der Physik und Chemie) ganz außer Kraft gesetzt

* Zeitschrift für Ganzheitsforschung, 4/1972

sind, in dem also ›der Tod überwunden‹ ist. Der unverwesliche Leib nach Paulus, der Leib des auferstandenen Christus ist offenbar als Endpunkt der von uns betrachteten Linie in den Bereich des Verständlichen gerückt.«

Auch er betont, daß diese Entwicklung zwar möglich ist, aber vielleicht nie eintreten wird, weil die Menschheit geistig auch nach unten gleiten könne.

Gott will aber nicht nur den Weg in eine ferne Zukunft öffnen, er will ebenso der gegenwärtigen Not abhelfen. Die Menschheit hat sich derartig tief in die Außenwelt verstrickt und damit so weit von Gott entfernt, daß nur noch wenige Menschen so starke Verbindung mit ihm haben, daß seine Kraft ihnen wirklich etwas nützen kann. Die große Masse ist Gott so weit entfremdet, daß er ihr mit seiner helfenden Liebe gar nicht mehr beikommen kann. Gott kann das Geschehen in der Erdenwelt nur auf dem Wege über das Schicksal mit seiner Allmacht in Schranken halten. Um seinen Kindern wieder näherzukommen, unternimmt es Gott, einen irdisch-natürlichen Menschenleib im Laufe eines Erdenlebens in Geist umzuwandeln. Denn was er am Organismus eines einzelnen Menschen wirkt, das hat die entsprechenden Auswirkungen auf die ganze Menschenwelt. Durch die Vergeistigung der Körpermaterie will Gott Herr der gesamten Außenwelt werden, um so jedem seiner Kinder mit seiner Liebeskraft helfend zur Seite stehen zu können, sofern es ihn zum Helfer haben will und sich ihm und seiner Kraft öffnet. Gott greift also ein, um das große Liebeswerk, welches Jesus Christus begann und unverändert fortführt, zu fördern.

Jesus Christus

Es hat zu allen Zeiten in der Menschheit ernsthaftes geistiges Ringen gegeben, welches zielbewußt nach oben strebte. Im bildenden Künstler, im Dichter und Denker, im Erfinder, in jedem schöpferischen Menschen kann es zutage treten; und durch Schönheit, Erkenntnisreichtum und praktische Nützlichkeit können ihre Schöpfungen der Menschheit Anlaß geben zu beglückender Freude und Erhebung aus den Niederungen des Alltags. Aber die Menschheit zu ändern und zu bessern, hat noch kein Künstler, kein weisheitsvoller Denker und kein Erfinder vermocht. Sie alle schöpfen aus den Kräften ihres eigenen individuellen Geistes, der zwar innerhalb ihres persönlichen Menschwesens die Stelle Gottes vertritt, der aber von dem eigentlichen göttlichen Wesen nur noch ein schwaches Abbild ist.

Die Hauptquelle unserer abendländischen Geisteskultur, das Griechentum, läßt ein bewußtes Streben nach Verfeinerung der Seele und Vergeistigung des Menschen erkennen; aber auch es ist nicht über eine Formgestaltung im Sinne von Schönheit in den Liebes- und Lebensverhältnissen des Einzelmenschen hinausgekommen. Zur wahrhaften Veredelung und Höherentwicklung des menschlichen Seins, die einzig und allein im *Herzen* einsetzen kann, hatte auch das Griechentum noch nicht die Kraft. Dazu mußte erst Jesus kommen, der einzelne Mensch, der in seinem Geiste die Kraft mitbrachte, sein irdisches Menschwesen dem Göttlichen zu öffnen. Durch die Vergeistigung seines Menschlichen durchbrach er den Wall der gottfeindlichen Mächte, welche der Menschenseele den Zugang zum Vater bisher verlegt hatten.

Die Kraft des Christusgeistes beruht auf seiner Reinheit und Hoheit. Er ist der »eingeborene Sohn«, kommt also unmittelbar aus der Sphäre Gottvaters, während die Geister der Künstler und anderer Geistesgrößen ihren Ursprung in himmlischen oder kosmischen Sphären haben und mit seltenen Ausnahmen schon vor Beginn ihres Erdenlebens eine Einbuße ihrer Reinheit erleiden. Nur ein Geist völlig ungetrübten göttlichen Wesens konnte mit Aussicht auf Erfolg mit der Aufgabe betraut werden, auf Erden Gottes Stellvertreter zu sein; nur ein solcher kann soviel selbstvergessende Hingabe aufbringen, wie sie für das Werk der Welterlösung durch stellvertretendes Leiden erforderlich ist; nur ein solcher Geist kann seinen eigenen Willen so völlig zurückstellen, daß Gott der Vater das Wunder der Wandlung dieses Menschen zum Gott vollbringen kann.

Herkunft und Wesen des hohen individuellen Geistes Jesu kann gar nicht treffender gekennzeichnet werden als in der Ausdrucksweise des Neuen Testaments, daß Gott seinen *eingeborenen Sohn* in die Welt gesandt habe, um durch ihn die Menschheit zu erlösen. Aber bei aller Macht und Hoheit, welche diesem Geiste von Anbeginn eigen war, konnte er dieses Erlösungswerk nicht aus seinen eigenen Kräften vollbringen. Er hat es nur dadurch vermocht, daß er in rückhaltloser Ergebung in den Willen des Vaters dessen Kraft in sich einließ und in Gemeinsamkeit mit Gottes allüberwindender Liebeskraft sein natürliches Menschwesen, Seele und Leib, im Laufe einer dreiunddreißigjährigen Entwicklung dem eigenen geistigen Wesen mehr und mehr gleichmachte, d. h. vergeistigte. Solche Umwandlung zu Geist ist ein Läutern und Umschmelzen des natürlichen Menschen durch die göttliche Liebe und hat sich in dem Menschen Jesus keineswegs reibungslos vollzogen, sondern hat ihm sein ganzes Leben hindurch bittere innere Kämpfe und schwere Leiden eingetragen.

Die Tatsache einer leidvollen Entwicklung steht allerdings mit der heute vorherrschenden Vorstellung vom Menschentum Jesu nicht im Einklang. Man sieht den Menschen Jesus schon viel zu sehr als Gott an, der er heute freilich längst in der Vollendung ist, der er aber erst durch sein Leiden und Sterben und seine Auferstehung geworden ist. Vorher war er Gottmensch und von Gott mit großer Vollmacht ausgerüstet für die Verkündung der Frohen Botschaft vom himmlischen Vater; aber er war durchaus Mensch, der sich für den äußeren Anschein von seinen Mitmenschen nicht unterschied. Es gehörte schon ein besonderes Erschlossensein dazu, um unter der ganz natürlichen Unvollkommenheit seines irdischen Menschen das Göttliche in ihm zu gewahren.

Es ist nicht nur sachlich falsch, die menschliche Unvollkommenheit Jesu zu vertuschen und ihn als einen in jeder Hinsicht fehlerlosen Menschen zu malen, sondern man verkleinert damit geradezu die unerhörte Leistung, welche ja gerade darin besteht, daß er, obwohl mit echt menschlicher Unvollkommenheit und Schwachheit umkleidet, zur vollkommenen Gottheit durchgedrungen ist. Den gleichen Fehler begeht man so vielfach von seiten der Kirche, indem man in den Lebensbeschreibungen der Heiligen ihre menschlichen Schwächen, Fehler und Irrungen beschönigt oder verheimlicht und so gerade die Leistung der sieghaften Überwindung der menschlichen Schwachheit gar nicht richtig würdigt.

In den Anfangszeiten des Christentums hat Gott, der Schwachheit der Menschen Rechnung tragend, die Betonung der Göttlichkeit Christi dadurch gefördert, daß er vom Schicksal alles vernichten ließ, was an Nachrichten über Jesu frühe Lebensjahre vorhanden gewesen ist. Nachdem nun aber das Wissen um die Göttlichkeit Christi in der Christenheit gesichert ist, soll dem menschlichen Verständnis auch die volle Wahrheit und Größe des unerhörten Geschehens klar werden, das darin besteht, daß wirklich ein von Natur her unvollkommener Mensch zum vollkommenen Gott geworden ist. Durch die leidvolle innere Entwicklung während der dreißig Jahre bis zu seinem öffentlichen Auftreten rang sich Jesu Geist Schritt für Schritt zur Herrschaft über seine irdische Menschennatur hindurch. Die Seele war schließlich dem Geiste völlig angeglichen und mit ihm eins geworden. Selbst der Körper war ständig vom Geiste mitdurchwirkt und für seine endgültige Umwandlung grundlegend vorbereitet worden; hatte er doch auch an dem Zustande der Verklärung schon Anteil gehabt. Zwar war er ein ganz natürlicher Körper geblieben, erfüllte aber in vorbildlicher Ordnung seinen Zweck: seinem in Seele und Geist völlig geeinten Innenmenschen als Kleid und Werkzeug zu dienen.

Wenn schon jeder beliebige Mensch sich unwillkürlich mit seinem Körper gleichsetzt, ihn also ganz und gar zu seinem Selbst gehörig empfindet, dann muß erst recht in dem natürlichen Gefühl des Menschen Jesus das Bewußtsein gelebt haben, daß sein Leib unverlierbar seinem Innenmenschen zugehöre. Dementsprechend war das Ansinnen, sich kreuzigen zu lassen, für Jesus als äußeren Menschen etwas über alle Maßen Ungeheuerliches. Hätte Jesus lediglich seiner persönlichen Entwicklung leben können und nicht die besondere Erlöser-Aufgabe gehabt, dann hätte er wohl überhaupt nicht den Tod erleiden müssen, sondern hätte seinen materiellen Leib im Laufe weiterer Entwicklung mehr und mehr durchgeistigen und schließlich in feinstofflichen Zustand überführen können. Auf diesem Wege hätte er einen hohen Grad von Vergeistigung, doch nicht die eigentliche Durchgottung erreicht, den Zustand, dank welchem Gott völlig ungehindert durch ihn hindurchwirken konnte. Für seine Aufgabe der Welterlösung aber sollte und mußte Jesus sein irdisch-natürliches Menschliches in einem viel höheren Grade verwandeln, richtiger gesagt: von den Kräften Gottes durchdringen lassen, um so mit seinem gesamten Wesen auf dem kürzesten Wege zur vollen Durchgottung zu gelangen. Um dieses Ziel zu erreichen, also aus einer geistigen Notwendigkeit, war das Leiden und Sterben nicht zu umgehen.

Der Mensch wird so geführt, wie Gott es haben will; denn Gott allein weiß, wie er richtig zu führen ist. Diese

Lehre ist mir wieder und immer wieder von Gott eingeprägt worden; sie war auch maßgebend für die Führung Jesu. Gottes Allweisheit mußte von dem äußeren Menschen die willige Hinnahme von Marterung und Kreuzestod als Tatbeweis des bedingungslosen Gehorsams verlangen. Sind doch die Materiegeister des grobstofflichen Körpers die starrsten und zähesten Vertreter und Träger aller menschlichen Eigenwilligkeit. Nur durch die Tat völliger Selbstaufopferung konnten sie beweisen, daß es ihnen mit dem Verzicht auf jedes eigene Wollen wirklich ernst war, und nur mit dieser Selbstaufopferung gab der äußere Mensch Gott die Möglichkeit, ihn ganz zu ergreifen und umzuwandeln und so ins Göttliche zu erheben.

Nachdem diese letzte und schwerste Probe bestanden war, stand einer Wiedervereinigung des Körpers mit seinem zugehörigen Innenmenschen nichts mehr im Wege. Auch wenn der individuelle Geist sich in der Regel schon vor dem Tode aus den anderen Organen des Körpers zurückzieht, so tritt er erst mit dem letzten Herzschlag aus dem Herzen aus und beendet so den Zustrom von Lebenskraft in den Körper. Bei Jesus jedoch verblieb der Geist im Herzen des verstorbenen Körpers und leitete die Gotteskräfte in ihn hinein, durch die der physische Leib in einen geistigen, den Auferstehungsleib, verwandelt wurde. Die Auferstehung ist also kein Wiederlebendigwerden des entseelten materiellen Körpers gewesen, sondern dessen Auflösung und Überführung in den geistigen Daseinszustand. Jesus hat nichts Verwesliches zurückgelassen; das Grab war leer. Er konnte aber den in den Geistzustand überführten Leib vorübergehend wieder in die materielle Erscheinungsform zurückverwandeln und in solcher gegenständlich greifbaren Gestalt vor seine Jünger treten.

Die eigentliche Leistung des Menschen Jesus war eine passive: Er gab sich in bedingungslosem Gehorsam dem Willen Gottes hin und ließ sich durch die furchtbarsten Leiden führen. Diese rein passive Leistung, welche Gott nicht selbst übernehmen kann, die er aber nötig hat, wenn er der Menschheit auf dem Wege zurück zu ihm voran helfen will, machte dem Menschen Jesus die damit an ihm verwirklichte Durchgottung zu redlich verdientem Besitz. Nur im Verein mit Gottes allüberwindender Liebe konnte der Christusgeist über das natürliche Wesen des Menschen Jesus unbeschränkter Herr werden. Und damit wurde er zum Überwinder der Welt. Denn der Mensch ist das All im Kleinen, und es gibt im großen Weltall keine anderen Kräfte und Stoffe als in jedem Einzelmenschen. Ist nun der Geist, wie im vollendeten Christus, zum unbedingten Herrn im Mikrokosmos eines Menschen geworden, dann gibt es auch außerhalb seiner Person keine Kraft und kein Wesen mehr, die ihm noch den Gehorsam verweigern könnten.

Die letztlich entscheidende Erlöserkraft kommt allein aus dem göttlichen Lebens- und Liebesquell des Vaters. Durch sie hat Jesus gelebt: »Meine Speise ist die, daß ich tue den Willen des, der mich gesandt hat.« Durch sie hat er gelehrt: »Meine Lehre ist nicht meine Lehre, sondern des, der mich gesandt hat.« Durch sie hat er gewirkt: »Der Vater, der in mir ist, tut die Werke.« »Ich kann nichts von mir selber tun.« In erster Linie ist Jesus zwar Opferlamm, aber dennoch keineswegs untätiges Werkzeug, kein bloßes Medium, sondern Mitwirkender des

Vaters: »Mein Vater wirket bisher, und ich wirke auch.« »Der Sohn kann nichts von sich selber tun, sondern was er sieht den Vater tun; denn was dieser tut, das tut gleicherweise auch der Sohn.«

Es ist also eine Gemeinsamkeit und vollkommene Gleichheit des Wollens bei Gottvater und Gottsohn. Zuerst ist es Liebe *und* Gehorsam, was dem Willen des Sohnes die gleiche Richtung gibt. Nachdem aber, dank seinem Gehorsam, der Sohn durch die Kraft Gottes vollkommen geworden ist wie der Vater, ist es kein Gehorsam mehr, der des Sohnes Willen abhängig erscheinen lassen könnte; vielmehr kommt die volle Übereinstimmung aus freier Entscheidung als Ausfluß der gleichen Liebe und Weisheit: »Denn wie der Vater das Leben hat in ihm selber, also hat er auch dem Sohne gegeben, das Leben zu haben in ihm selber.« Das ist der höchste Lebenszustand, das Ziel, welches grundsätzlich *jedem* Menschen erreichbar werden soll. Und der geradeste Weg, es zu erreichen, ist der Weg über den Sohn: »Niemand kommt zum Vater denn durch mich.«

Dazu aber wurde der Sohn Gottes Mensch und Mittler zwischen Gott und der Erdenmenschheit, daß er es den Menschengeistern wieder möglich machen sollte, lebendig machende Gottesliebe den Menschenherzen zuzuleiten. Denn die Lebens- und Liebeskraft Gottes unmittelbar vom Vater her in sich aufzunehmen und mit ihr im Menschenherzen neues Leben zu erwecken, dazu sind ganz allgemein die individuellen Geister der Erdenmenschen nicht fähig. Schon im vorgeburtlichen Leben haben sie sich mehr und mehr von Gott entfernt und ist das Eigene in ihnen zu groß und zu stark geworden, so daß sie nun im Erdenleben von der ihnen auferlegten luziferischen Erblast weit eher noch mehr herab- und von Gott fortgezogen werden, als daß es ihnen möglich wäre, ihr natürlich-menschliches Außenwesen zu vergeistigen und zu Gott emporzuführen.

Der menschgewesene und gottgewordene Sohn, der alle menschlichen Unvollkommenheiten an seinem eigenen Wesen selbst erlebt hat, steht den Menschen näher als der himmlische Vater, den nie ein Mensch gesehen hat außer dem, der aus dem Vater ist. Diesem menschgewesenen Sohne Gottes gegenüber wird es den Menschen leichter, sich ihm vertrauend zu erschließen. Das Mitleid über sein grausiges Erdenschicksal eines unschuldigen Opferlammes kann und soll, unter läuterndem *Mitleiden*, zu immer tieferer und echter Liebe werden. Und jedem, der sich ihm in Liebe erschließt, läßt er bereitwillig seine Überwinderkraft zuteil werden in dem Maße, wie der Mensch sie aufzunehmen vermag. So tritt für die Christenheit zunächst der Sohn an die Stelle des Vaters, und Jesus Christus wird mit Recht zum Gott der Christen.

Gottesvorstellungen der Mystik

Jeder innerlich offene Mensch spürt, daß er bei jedem religiösen Erleben von Gott berührt wird, und sei es zunächst nur in seinem Geiste, was dem äußeren Menschen gar nicht als eine Botschaft oder Erkenntnis zum Bewußtsein kommt, sondern ihm nur als ein Gefühl innerlicher Erschütterung oder des Ergriffenseins bemerkbar wird. Kommt der Mensch auf dem Wege nach innen weiter, dann wirkt die göttliche Berührung auch mehr und mehr in seine Seele und auf den natürlichen Verstand, so daß es allmählich zu deutlicher Wahrnehmung göttlicher Weisungen kommen kann, wie sie aus dem Erleben jedes echten Mystikers genugsam bekannt sind.

Es scheint, daß in den Aussagen der bedeutenden Gestalten der frühen Christenheit verstandesmäßige Erkenntnis und intuitive Einsicht noch zusammenwirkten; die Trennung zwischen Theologie und Mystik bildete sich erst heraus, nachdem die Kirche aus einer Gemeinde des Glaubens zu einer Institution des öffentlichen Lebens geworden war. Die Mystik wurde an den Rand, oft in den Untergrund gedrängt. Auch wenn zeitweise nur wenige von ihnen Kenntnis erhielten, so haben doch offenbarende Kundgaben Gottes an fromme Menschen nie aufgehört. Aus allen Jahrhunderten erfahren wir von ihnen durch das Schrifttum, welches die einzelnen Mystiker hinterlassen haben. Die katholische Kirche nimmt ihre bedeutenden Mystiker als Vermittler göttlicher Botschaften durchaus ernst und hat sie vielfach heilig gesprochen. Leider hat sie ihnen trotzdem nicht die Beachtung geschenkt, die sie verdienten, weil in ihnen und durch sie Gott auf die geistig-seelische Sphäre der Gläubigen einwirkt. Mit ihrem Gottesdienst will die katholische Kirche doch gerade das Innere des Menschen ansprechen und es in Verbindung mit Gott bringen. Hätte sie dabei das Leben und Erleben der Mystiker mehr herangezogen, so stünde sie heute gefestigter da.

Die Schriften der bedeutenden Mystiker des Mittelalters und der beginnenden Neuzeit haben mir viel zum Verstehen meines eigenen mystischen Erlebens verholfen. In den Grundzügen ist der Weg zur Überwindung aller Selbstliebe und allen Eigenwillens immer derselbe, doch legt ihn jeder einzelne in seiner eigenen Weise zurück und wird nach seiner Eigenart von Gott geführt. Mit jedem hohen Erleben bekommt er Zutritt in eine vollkommene Welt des Friedens, der Harmonie und Schönheit, und an den Höhepunkten der Gotteinung erlebt er die höchste Glückseligkeit im Gefühl des Geborgenseins am Herzen des Vaters. Kehrt sein Bewußtsein zurück in den grauen Alltag unserer Erdenwelt, die voller Mißklang und oft allem Göttlichen feindlich ist, so ist das für ihn ein Sturz von großer Schmerzhaftigkeit; und versinkt er gar in die Tiefe gänzlicher innerer Verlassenheit, in die dunkle Nacht der Seele, die keinem Mystiker erspart bleibt, dann ist das ein Leiden von unvorstellbarer Tiefe. Zu der überwältigenden Erfahrung des unmittelbaren Verbundenseins mit Gott bedarf es keiner Ekstase, keiner Visionen. Diese sind eher Begleiterscheinungen.

Auch aus dem 19. und 20. Jahrhundert sind mir eine ganze Reihe katholischer Mystiker im romanischen wie im deutschen Sprachraum bekannt geworden, denen ich mich verbunden fühle, weil auch sie stellvertretend für ihre Mitmenschen einzustehen und zu leiden hatten. Sie fanden allerdings eine Stütze in ihrem unbedingten Gehorsam vor ihren kirchlichen Oberen, durch den sie zur Ichentäußerung gebracht wurden. Vom Gottesdienst und dem klösterlichen Leben sind die Gedanken und Vorstellungen dieser Mystiker geformt. Um besser verstanden zu werden, bedienen sich dann auch Christus oder Maria derselben Gedankengänge und Ausdrucksformen, wenn sie sich ihnen kundgeben. So müssen manche Erklärungen der katholischen Mystiker die Nichtkatholiken fremd anmuten, aber eine unvoreingenommene Prüfung wird den wertvollen Kern hinter der Schale einer festgelegten Ausdrucksweise bald entdecken.

Die nichtkatholischen Mystiker hingegen müssen ihren Weg zu Gott ohne Leitung und Stütze von außen in völliger Hingabe an die innere Führung finden. Ihnen fehlt der vom katholischen Glauben gebotene Rahmen, und sie haben es von jeher doppelt schwer, sich Gehör zu verschaffen. In der evangelischen Kirche stoßen private Offenbarungen auch heute noch auf Ablehnung und Unverständnis, und zu den Mystikern ihres eigenen Bereichs, wie Böhme und Swedenborg, hat sie bis jetzt noch keine lebendige Fühlung finden können.

Wie wenige Christen wissen überhaupt etwas von Swedenborg! Und noch sehr viel weniger kennen ihn aus seinen Werken. Gegenüber der bisherigen Verkennung und Nichtachtung ist es als eine erfreuliche und verdienstvolle Tat zu begrüßen, daß der Marburger Kirchenhistoriker Ernst Benz mit seinen beiden Büchern über Swedenborgs Leben und Lebenswerk den Weg zu einem tieferen Verständnis der Sendung des schwedischen Sehers gebahnt hat. Swedenborg nimmt eine Sonderstellung unter den Mystikern ein; er war Seher und Prophet mit dem Auftrage, der Menschheit von den Zuständen und Lebensverhältnissen auf den verschiedenen jenseitigen Daseinsebenen ausführlich zu berichten. Zu diesem Zwecke war ihm der persönliche Verkehr mit Engeln und Geistern in einzigartig großzügiger Weise gestattet. Er selbst hielt allerdings alle Himmelsbewohner für gewesene Menschen und wußte anscheinend nichts von dem Vorhandensein urgeschaffener, noch nicht menschgewesener Engel. Seine geistigen Erlebnisse waren verschiedener Art. Teils erinnerte er sich an das, was er im Geiste gesehen und gehört hatte; teils aber blieb ihm bei seinen Schauungen auch sein äußeres Bewußtsein erhalten, so daß er die natürliche und die geistige Welt gleichzeitig wahrnahm.

Von ähnlicher Bedeutung als Offenbarer geistiger Wahrheit wie Swedenborg ist Jakob Lorber. In seinen Schriften bietet sich die Wahrheit dar in einer Form, die selbst dem einfachen Menschen verständlich ist, sofern er nur die Fähigkeit besitzt, nicht nur mit dem Kopf, sondern auch mit dem Herzen aufzunehmen. Es gibt sich in Lorbers Schriften ganz deutlich die Absicht kund, dem natürlich empfindenden Menschen das Näherkommen an den Allmächtigen Gott auf dem Wege über die Liebe zur Person Christi zu erleichtern. Ihre wichtigste Eigentümlichkeit aber ist ihr Gehalt an wirklich neuen Offenbarungen. »Das große Evangelium Johannis« enthält, wie auch alle anderen Schriften Lorbers, neben eingehenden Belehrungen über die jenseitigen Entwicklungswege der Menschen völlig neue Offenbarungen über das Wesen der Materie und die ordnungsmäßigen Wechselbeziehungen zwischen dem grobstofflichen Körper, der Seele und dem Geiste.

Jakob Böhme, diesem schlichten und überaus frommen Manne, sind Einblicke in die Tiefen der Gottheit gewährt worden, wie sie kaum je einem Menschen zuteil wurden; um ihretwillen sind er und seine Botschaft vielfach verkannt worden. Mit der Zeit ist das Verständnis für ihn und seine Lehren gewachsen. Seine Sprache ist allerdings für uns schwer verständlich, und es bedarf einer gewissen Einfühlung, um das Wesentliche seiner Erkenntnisse zu erfassen. Nach seiner Schau besteht auch in Gott die dreifache Schichtung des Wesens, wie wir sie an uns Menschen als Geist, Seele, Körper kennengelernt haben. So ist der Mensch auch in der Dreifaltigkeit der Wesensschichtung nach Gottes Bilde geschaffen. Jede Schöpfung hat ihren geistigen Ursprung (principium) in einer der drei Sphären Gottes (Gottgeist, Gottseele und Gottleib).

Wer sich in die Schriften der Mystiker vertieft, stößt dort auf Aussagen, die ihm als miteinander unvereinbar vorkommen. So weisen die Offenbarungsschriften Swedenborgs und Lorbers manche Unterschiede zueinander auf und widersprechen wiederum gemeinsam in manchen

Punkten anderen Offenbarungen, z. B. denen Böhmes und mancher katholischen Heiligen, etwa einer Hildegard von Bingen.

Die Unvollkommenheiten der irdischen Verhältnisse, welche immer wieder andere sind, je nach der Zeit und der persönlichen Eigenart des Menschen, den die Vorsehung sich zum Werkzeug ihrer Offenbarung erwählt, bringen diese Verschiedenheiten und Unstimmigkeiten hervor. Auch der höchste Geist muß sich mit seinen Offenbarungen den Fähigkeiten seines menschlichen Sprachrohrs anpassen und findet in dessen Begrenztheit auch stets eine Grenze für seine Offenbarungen.

Jeder Mensch ist zunächst einmal Kind seiner Zeit und kann das ihm Offenbarte der Mitwelt nur darbieten in den Begriffen und Denkformen, in denen er selbst und seine Zeitgenossen sich untereinander zu verständigen gewöhnt sind. Allein der zeitliche Abstand zwischen ihren Lebzeiten muß dementsprechend große Verschiedenheiten in ihren Schriften mit sich bringen.

Durch so verschiedene Sprachrohre bekommt die gleiche Wahrheit notwendig immer wieder eine andere Klangfarbe. Der geistig erschlossene Leser kann dennoch fühlen und erkennen, was daran wesentlich und ewig wahr und was als nebensächlich und unwesentlich der menschlichen Unvollkommenheit des Werkzeuges zuzuschreiben ist. Außerdem ist noch in Betracht zu ziehen, daß kein Seher alles, was er geschaut, kein Mystiker alles, was er erlebt, seiner Mitwelt ohne weiteres mitteilen kann und darf, weil diese ja nicht für alles reif ist. Swedenborg bringt es wiederholt zum Ausdruck, daß ihm viel mehr offenbart worden ist, als er der Welt berichten darf. Und er muß auch aus Rücksicht auf die beschränkte Fassungskraft seiner Mitwelt gar manches unvollkommener darstellen, als er selbst es geschaut und erkannt hat. So hat auch Christus bei seinen Offenbarungen an katholische Heilige diesen verschiedentlich ausdrückliche Weisung gegeben, daß sie dieses und jenes von dem ihnen Offenbarten nicht bekanntgeben dürften, um sich nicht in Widerspruch zur Lehre der Kirche zu setzen, womit weder ihnen noch der Kirche gedient gewesen wäre.

Wer sich all dieser Bedingtheiten bewußt ist, wird sich auch vor dem Fehler hüten können, sich an den buchstäblichen Sinn der Worte zu klammern. Das ist ein Fehler, dem die Menschen nur gar zu leicht erliegen, besonders dann, wenn sie, von dem Wahrheitsgehalt gefühlsmäßig stark berührt, in Eifer geraten und meinen, es könne und dürfe nun neben *ihrer* Auffassung von dem als wahr Erkannten *keine andere* Geltung beanspruchen. Es ist im Grunde genommen immer das zu starke Hervorkehren des Eigenen und ungenügende Gefühlsoffenheit – deutlicher gesagt: Mangel an Liebe –, was den einen hindert, zu erkennen und zu erfühlen, daß auch die Auffassung des anderen eine Berechtigung hat. Aus solcher eigenbetonten, lieblosen Rechthaberei sind auch die konfessionellen Spaltungen entstanden, über die ich von jeher tiefen Schmerz empfinde.

Lassen sich also die meisten Unstimmigkeiten und Unterschiede in den Aussagen der Mystiker auf deren äußere Verschiedenheiten zurückführen, so bleibt es doch schwer zu verstehen, daß ihre Darstellungen des Verhältnisses von Gott und Christus nicht übereinstimmen. Mir erklärt sich das damit, daß ihr individueller Geist jeweils in eine bestimmte Gottheitssphäre erhoben wird und dort die Offenbarung empfängt. Jakob Böhme wurde, wie Walter Nigg sagt, die »Zentralschau« gewährt. Er erhielt die Offenbarung aus der höchsten Gottheitssphäre, womit ihm auch der Einblick in die anderen gegeben war.

In Anlehnung an ihn kann darüber gesagt werden: Gott ist der Urquell und Urgrund allen Seins. In der Gottgeist-Sphäre umfaßt, durchdringt und erhält Gott alles Geschaffene. Diese Sphäre ist der Schöpfung gegenüber gleichzeitig transzendent und immanent. In dieser höchsten Sphäre stellt sich Gott für unser menschliches Begreifen unter einem doppelten Aspekt dar: Sein Wirken in der Gottgeist-Sphäre ist überpersönlich; anderseits ist hier das Lebens- und Liebeszentrum Gottes, von dem aus er in Person seinen Geschöpfen, Engeln und Geistern als *Vater* gegenübertritt. Darum bezeichne ich diese Sphäre auch als Gottvater-Sphäre. Aus der Sphäre der Gottseele entstanden die geistigen Reiche, die im Neuen Testament und der darauf gründenden Lehre als »Himmel« bezeichnet werden. Die Sphäre der Gottseele ist die Sphäre Christi, und die Himmel sind sein Herrschaftsbereich. Aus der Sphäre des Gottleibes oder der Gottnatur erwuchs die materielle Welt des Kosmos und der Erde.

Die Einsicht, daß es im allumfassenden Wesen Gottes mehrere Schichten gibt, läßt verstehen, daß auch die Inhalte der Offenbarungen über Gott nicht völlig übereinstimmen. Man darf sich durch die Verschiedenheiten nicht beirren lassen, sondern soll in Demut und Ehrfurcht die Größe und Unergründlichkeit Gottes anerkennen. Gerade dazu verhilft jede der gegebenen Offenbarungen, zumal dann, wenn sie mit einem bereitwilligen Gemüt und nicht nur mit dem zergliedernden Verstand aufgenommen wird.

So ist mir beim Lesen in Swedenborgs oder in Lorbers Schriften niemals der Gedanke gekommen, als stehe die von beiden betonte Einheit von Gott und Christus zu meinem eigenen Erleben zweier göttlicher Personen in irgendeinem Widerspruch. Wenn bei Lorber vom Vater in Jesus gesprochen wird und wenn Swedenborg sagt, daß in dem Menschen Jesus Gott Jehova selbst sich ins Fleisch begeben habe, so empfinde ich das in beiden Fällen als durchaus der Wahrheit entsprechend, weil ich das Einssein von Vater und Sohn erlebe, ohne daß sich indessen die klare Unterscheidbarkeit zwischen ihnen als zwei gesonderten Personen im geringsten verwischen würde. Das ist freilich greifbare Wirklichkeit nur für den geistig Erlebenden, kann aber den Mitmenschen erklärt werden.

Jesus ist als natürlicher Mensch geboren, ganz ebenso wie jeder von uns. Was ihn von anderen Menschen unterscheidet, ist allein sein Geist, der unmittelbar in lauterster Reinheit aus Gott kam, während die individuellen Geister der Menschen allgemein – mit verschwindend geringen Ausnahmen – ihre Reinheit vor dem Erdenleben mehr oder weniger stark eingebüßt haben. So heißt es auch mit vollem Recht, daß Jesus schon als Sohn Gottes auf die Welt gekommen ist. In seiner menschlichen Natur war er mit allen echt menschlichen Unvollkommenheiten behaftet wie jeder andere Mensch auch. Doch über seinen reinen, gottverbundenen Geist konnte die allmächtige Kraft Gottes die Seele und den Leib des Menschen Jesus durch eine innere Entwicklung umwandeln, dem Geiste immer mehr angleichen, vergeistigen, vergotten, so daß der gesamte Mensch zu einem völlig reinen Gefäß wurde, in das Gott die ganze Fülle seiner Gottheit einfließen lassen konnte. Damit wurde der Mensch Jesus zum Gott. Er ist und bleibt in alle Ewigkeit die einmal ausgeprägte, eigenbewußte, gottmenschliche Persönlichkeit, als Sohn vom Vater unterscheidbar, wie er ja auch selbst gesagt hat: »Der Vater ist größer als ich.«

Christus ist als geistiger Sohn Gottes Mensch geworden und mit seinem irdischen Menschenwesen zur vollen Göttlichkeit gelangt. In seiner gottmenschlichen Person ist er der vollkommene Vertreter Gottvaters, der in ihm ist; doch er ist nicht derselbe wie Gottvaters, sondern ist und bleibt ewig der Sohn. So sah ihn auch der Apostel Paulus, als er schrieb: »Wenn aber alles ihm untertan sein wird, alsdann wird auch der Sohn selbst untertan sein dem, der ihm alles untergetan hat, auf daß Gott sei alles in allen.«

Der individuelle Geist Jesu stammte aus der Gottvater-Sphäre, blieb stets mit dieser verbunden und wurde von ihren Kräften getragen. Nach der Vollendung der Erdenaufgabe ist Christus derjenige geworden, der die Kräfte der Gottvater-Sphäre allen Geistern und Menschen je nach ihrer Aufnahmefähigkeit vermittelt. Für sie alle tritt damit die Liebe Gottes hinzu zu den geistigen Kräften aus den Sphären der Gottesseele und des Gottleibes, welche alle jenseitigen und diesseitigen Schöpfungsbereiche tragen und gestalten. Je höher eine Stufe im »Himmel« ist, desto mehr herrscht dort bereits die Liebe Gottes, doch diese will ihre Herrschaft auf immer tiefere Stufen bis hinab zur Erde ausdehnen.

Indische Mystiker

In unserem Jahrhundert haben die verschiedenen indischen Yogalehren im Westen viel Aufmerksamkeit gefunden. Der Yoga ist – nach dem Urteil berufener Kenner wie Eliade – eine Meditationstechnik, die verschiedenen Inhalt und verschiedene Ziele haben kann. Manche der Yogis jedoch sind Mystiker in dem hier vertretenen Sinne.

Für die indischen Gottsucher habe ich von jeher starke Zuneigung empfunden. Daß sie ihr religiöses Streben so ernst nehmen, zog mich besonders an. In der Begegnung meines Geistes mit ihrem Geiste empfand ich sie als weise und liebevoll. Bei aller Höhe der von ihnen erreichten Entwicklungsstufe fiel mir jedoch auf, daß sie eine ganz andere geistige Strahlung haben als christliche Mystiker. In solchen Begegnungen mit verschiedenen Gurus auf innerer Ebene wurde mir dann klar, daß die Andersartigkeit ihrer Strahlung in ihrem Geiste begründet ist. In ihrem menschlich-natürlichen Wesen sind diese Inder zwar viel stärker religiös veranlagt als die Menschen im Westen. In ihrer Seele, ja sogar in ihrem Körper haben sie aus Veranlagung ein starkes Sehnen nach Gott. Ihre Geister aber entstammen jener Gottheitssphäre, die Jakob Böhme – wie im vorhergehenden Kapitel dargelegt – als diejenige des Gottleibes oder der Gottnatur bezeichnet hat. Der Begriff »Gottnatur« ist nun nicht etwa so zu verstehen, als solle damit unsere irdische Natur für göttlich erklärt werden. Die irdische Natur ist keineswegs göttlich, wohl aber steht sie in besonders enger Beziehung zur Gottnatur insofern, als ebendiese göttliche Sphäre als erhaltende und schöpferische Ordnungsmacht in unserer irdischen Natur wirksam ist, sie umfassend und durchdringend.

Die großen Sendboten Gottes kommen zwar alle unmittelbar aus Gottheitssphären als *reine* Geister; aber an ihnen als Menschen muß ein Unterschied zutage treten, wenn ihre Geister nicht der gleichen Sphäre entstammen. Die geistige Herkunft der indischen Mystiker aus der Sphäre der Gottnatur gibt uns die Erklärung dafür, daß in ihrer Gottesauffassung der Begriff des liebenden Vatergottes noch fehlt und sie meistens von einer unpersönlichen Gottheit sprechen. Auch der nichtchristliche Mystiker bekommt echte Einblicke in das Wesen der Gottheit, doch eben in erster Linie in ihre äußere Sphäre, welche ihrer Beschaffenheit nach nur die allmächtige göttliche Weltregierung kennt. Darum nimmt im Bereich der nichtchristlichen Mystik die *Gerechtigkeit* einen weit größeren Raum ein als in der christlichen Auffassung, wo die *Gnade* im Vordergrund steht.

Das Erleben der nichtchristlichen Mystiker spiegelt also eine ganz andere Gottheitssphäre wider als das Erleben ihrer christlichen Geistesbrüder und führt sie darum auch notwendig zu anderen Anschauungen und Erkenntnissen. Denn es ist ein großer Unterschied, ob der Mensch seine

Beziehungen zu Gott und der Welt im Lichte der strengen Gerechtigkeit und ordnenden Allmacht einer unpersönlichen Gottheit zu schauen bekommt oder ob er sein Erdenschicksal als einen Erziehungsweg an der Hand und unter der Obhut des allgütigen Vaters erlebt.

Durch die Yoga-Technik kann im menschlichen Wesen die gottgewollte Natur-Ordnung wiederhergestellt werden, in getreuer Entsprechung zur Ordnung in der Gottnatur. Der Yogi erreicht also auf seinem Wege schließlich die *unpersönliche, immanente* Gottheitssphäre, die der Mutterschoß der Gottheit und der ewige Quellgrund immer neuer Schöpfungen ist. Hat der Mensch diese Sphäre erreicht, dann erweitert sich sein Bewußtsein zum kosmischen Bewußtsein, das er aus seinem Innern aufsteigen fühlt. Dabei erlebt er die Gottheit als die allmächtige und allweise Weltregierung, oder sie tritt ihm als die Gottmutter entgegen. In seinem menschlichen Wesen erlangt er damit eine friedevolle Ausgeglichenheit und eine weitgehende Beherrschung der den Kosmos durchwaltenden Kräfte. Der überraschenden Wandelbarkeit des Schicksals ist er enthoben. Das gibt ihm eine unbeirrbare Sicherheit der Welt gegenüber, und er ist Herr sogar über die irdische Materie, die er nach seinem Willen wandeln kann und in der er daher auch die erstaunlichsten Wunder zu wirken fähig ist. Da er jedoch mit der göttlichen Naturordnung in vollem Einklange steht und damit auch die entsprechende Weisheit besitzt, macht er von seiner Machtvollkommenheit nicht wahllos willkürlichen Gebrauch, sondern wirkt mit ihr einsichtsvoll nur dort, wo er mit solchen Wirkungen fördern und helfen kann. Was er vermag, das ist ein Wirken aus Vollmacht mit den

Kräften und im Rahmen der im Kosmos einmal gesetzten und bestehenden Ordnung, wofür er jederzeit sichtbare Beweise liefern kann.

Das Erleben dieser immanenten Gottheitssphäre ist die Grundlage der asiatischen Religionen. Daraus erklärt sich auch deren starke Neigung zum Pantheismus.

Zu anderem Ziele führt der Weg der Nachfolge Christi. Auf ihm erreicht der christliche Mystiker schließlich eine Stufe in den geistigen Reichen des »Himmels«, welche von der Sphäre der Gottseele geprägt ist. Hier erlebt der Mensch die Gottheit in der Person Christi. Die lebendige Fühlung mit Christus vermittelt ihm einen inneren Frieden, in dem er sich geborgen fühlen kann; doch die Selbstsicherheit aus der Gewißheit eigener Machtvollkommenheit, wie der Yogi sie besitzt, kennt der Christusnachfolger nicht, sondern er muß »werden wie die Kinder« und sich vertrauensvoll führen lassen. Im Bewußtsein seiner menschlichen Unzulänglichkeit ist er nicht auf ein Wirken aus eigener Kraft bedacht, sondern ist bestrebt, allein Christus in sich und durch sich hindurch wirken zu lassen im Sinne des Paulus-Wortes: »Ich lebe aber; doch nun nicht ich, sondern Christus lebt in mir.« In der christlichen Gottesauffassung tritt also gegenüber dem transzendenten persönlichen »Gott im Himmel« der Begriff der immanenten Gottheit, des »Gottes in uns«, stark zurück.

Auch indische Mystiker haben vielfach Christus-Erlebnisse gehabt, und ihnen gilt Christus als ganz besonders hoher Avatar, d. h. eine Inkarnation des Gottes Vishnu. Auf diesen Hinweis mag mancher Leser einwenden: Wenn diese indischen Gottesmänner Christus ebenfalls erlebt haben – Ramakrishna sogar in einer sich über drei Tage hin erstreckenden Einung – und wenn durch Christus die höchsten Erkenntnisse erreichbar sind, warum bleiben dann diese Inder trotzdem bei ihrem Glauben an die Wiederverkörperung, die es nach der christlichen Lehre nicht geben soll? Der hier zutage tretende Widerspruch erklärt sich sehr einfach: Wohl bietet sich Christus jedem suchenden Menschen an, aber er drängt sich mit seinen Erkenntnissen niemandem gewaltsam auf. Nur soweit der Mensch sich ihm öffnet, teilt er sich ihm mit. Auch der Yogis Streben und Suchen nach Wahrheit sieht Christus mit Wohlgefallen, und er liebt sie um ihres Ernstes willen. Aber er verhüllt ihnen alles das, was sie aus ihrem Innern her noch nicht erkennen können. Weshalb die göttliche Weisheit dem Menschen gegenüber so vorgeht, daß sie ihn, auch wenn er nach der Wahrheit verlangt, bei seinem Irrtum beläßt, das erklärt sich für unseren Verstand nur aus der Rücksicht auf die unantastbare Freiheit des menschlichen Willens, der seine Überzeugungen von innen her klären und vervollkommnen soll und nicht durch überwältigende Eindrücke von außen her zu einer Sinnesänderung gedrängt werden darf.

Den Yogis wird ihre Yoga-Schulung geradezu zum Hindernis und erschwert ihnen das Verständnis für Christi Wesen und Bedeutung sehr. Auch aus der Natur ihres Weges ergibt sich das schon. Denn dieser hat zum Ziele, den individuellen Geist des Menschen, das innerliche höchste Selbst, im Außenmenschen zu verwirklichen; das heißt also, eine Art Selbsterlösung zu erreichen. Für den Außenmenschen ist zwar der individuelle Geist der Lebensspender. Doch dieses höchste Selbst in uns ist noch nicht der eigentliche Urquell des Lebens; es erhält vielmehr selber sein Leben aus Gott. Also nicht in seinem eigenen Geiste, sondern in Gott hat das Leben des Menschen seine Wurzel. Daher ist nicht die *Selbst*verwirklichung, sondern die *Gottes*verwirklichung das Endziel der menschlichen Entwicklung.

Muß zum Zwecke der Selbstverwirklichung auf dem Yogawege der äußere Mensch in Seele und Leib allen Eigenwillen aufgeben und den geistigen Willen seines höchsten Selbst allein in sich wirken lassen, so muß zur Verwirklichung Gottes im Menschen auch dessen individueller Geist all sein Wollen zurückstellen, um allein Gott das Erlösungswerk am ganzen Menschen vollbringen zu lassen. Denn die Gottesverwirklichung im Menschen ist nur Gott selbst möglich. Nur *Gott* kann den Menschen erlösen und ihm aus aller Gebundenheit in die göttliche Freiheit verhelfen. Des Menschen Mithilfe zu seiner Erlösung kann nur darin bestehen, daß er alles eigene Wollen, sogar das geistige Wollen seines höchsten Selbst, dem Willen Gottes unterordnet. Das ist der Weg der Christus-Nachfolge.

Diesen Weg ist in unserer Zeit auch ein bedeutender Inder gegangen, der Sadhu Sundar Singh. Als siebenjähriger Knabe schon konnte er die Bhagavad Gita auswendig, danach vertiefte er sich in die religiösen Bücher der Sikhs, der Hindus und der Moslems. Von seiner sehr religiösen Mutter in seinen Neigungen bestärkt, war er ein Sucher nach dem inneren Frieden, den er aber trotz allen Bemühens in den östlichen Religionen nicht finden konnte. Aus Eifer für sie wurde er sogar zum Feinde Christi, bis Christus dem über seine Ruhelosigkeit völlig Verzweifelten in Person erschien, ihm seinen Frieden gab und ihn dadurch verwandelte. Aus der ständigen Gemeinschaft mit Christus im Gebet erhielt der Sadhu die Kraft zur Verkündung von dessen Frohbotschaft, ungeachtet aller Widerstände und Verfolgungen. Das innere Erleben stand bei ihm so im Vordergrund, daß er der Theologie eher fremd gegenüber stand. Darum haben leider auch viele abendländische Christen in Sadhu Sundar Singh nicht den wahren Christusjünger gesehen, für dessen Echtheit ich eingetreten bin, seit ich von ihm wußte. Ganz durchdrungen von der Lehre Christi lehnte der Sadhu die indische Wiederverkörperungslehre eindeutig ab und betonte die Bedeutung, welche das Erdenleben durch seine Einmaligkeit erhält.

Zur Wiederverkörperungslehre

Alle Religionen sehen das irdische Leben als eine Periode innerhalb einer Entwicklung an und setzen voraus, daß der Mensch mit seinem nichtkörperlichen Wesen weiterlebt. Die Lehren und Vorstellungen, wie dies sich vollzieht, sind verschiedenartig und vielgestaltig. In Indien ist die Vorstellung der Seelenwanderung und der Wiederverkörperung seit langem, schon vor Buddhas Zeit, die herrschende. Ihr zufolge bestimmt die Summe der Gedanken, Worte und Taten eines Menschen, sein »Karma«, nach dem Kausalgesetz von Ursache und Wirkung die Art seiner Wiederverkörperung.

Die Lehre, daß der Mensch mit seinem eigenen Verhalten auf Erden die Grundlage für sein weiteres Schicksal lege, findet sich aber nicht nur im *Wiederverkörperungsglauben*, sondern ebenso in den anderen Religionen. Von seinen ernstlich strebenden Anhängern, die sich aus dem Zwang zur Reinkarnation befreien wollen, verlangt jener nicht weniger an Entsagung und sittlichem Verhalten als die jüdisch-christlichen Gebote von ihren Gläubigen. Woran liegt es dann, daß er seit Jahrzehnten auch im Westen solchen Anklang findet?

Das Karmagesetz scheint den Gedanken gerechter Wiedervergeltung eindringlich zum Ausdruck zu bringen und die bedrückenden Fragen zu beantworten, warum die Menschen schon durch ihre Geburt in so verschiedene, oft unglückliche und leidvolle Verhältnisse hineingestellt werden und warum es den Guten oft schlecht und den Skrupellosen und Egoisten oft gutgeht. Eine Antwort auf diese Fragen läßt sich jedoch auch vom christlichen Glauben her geben, welchem der Gedanke einer Wiederverkörperung fremd ist.

Jede Seelenwanderungslehre gibt eine Erklärung über die »Seele«, ihre Herkunft, ihre Präexistenz vor dem Erdenleben und ihren weiteren Weg nach diesem. Nach den meisten war die Seele ursprünglich gottgeschaffen und rein, ist aber, aus welchem Grunde auch immer, gefallen und kann erst durch wiederholte Erdenleben geläutert werden. Der Begriff »Seele« umfaßt in diesen Lehren ebenso wie im gängigen christlichen Sprachgebrauch den ganzen nicht-körperlichen Wesensteil des Menschen, er wird also überall in einem weiteren Sinne gebraucht, als dies in der vorliegenden Arbeit geschieht. Meine Erfahrung zeigt mir jedoch stets den Unterschied zwischen dem individuellen Menschengeist und der Seele und führt mich zur Einsicht in ihre verschiedene Herkunft und Präexistenz.

Wie im Kapitel »Der individuelle Menschengeist« erwähnt, steht am Beginn jedes Menschenlebens die Vereinigung zweier bis dahin ganz getrennter Entwicklungslinien. Die eine, die des individuellen Geistes, hat ihren Ursprung in Gott und führt auf uns verborgenen Wegen zu einer immer ausgeprägteren Verselbständigung, bis der Entwicklungsstand erreicht ist, den gerade dieser Geist für seine Erdenaufgabe benötigt. Wenn auch alle Geister aus Gott stammen, so bedeutet das doch nicht, daß sie untereinander gleich seien oder gleich sein müßten. Die Fülle Gottes und die Vielfalt der von ihm ausgehenden Geister übersteigt jedes menschliche Vorstellungsvermögen. Um diesem begrenzten Vorstellungsvermögen etwas zu Hilfe zu kommen, ist Böhme, Swedenborg und auch mir – in jeweils etwas anderer Form das Bild des »Größten Menschen« gegeben worden. Dadurch sollte verständlich werden, daß alle geistigen und kosmischen Schöpfungen Teile eines einzigen göttlichen Organismus sind. In diesem haben alle Gemeinschaften von Geistern ihren Platz, je nach der besonderen Art und Stärke ihrer Liebe zu Gott. Von solcher Liebe geprägt, taucht der zum Erdenweg entschlossene Menschengeist in die seelische Erdsphäre ein und wird dort zu einer im Werden befindlichen Menschenseele geführt.

Die andere Entwicklungslinie, die der seelischen Substanz, ist eingebettet in die irdische Evolution und stellt sozusagen einen einzelnen Strang in ihr dar. Wie auf einer Stufenleiter steigt das seelische Leben durch die Naturreiche aufwärts, indem durch immer weitere Zusammenfassung der verschiedenartigsten seelischen Substanzen immer vollkommenere Seelen gebildet werden. Diesen Ablauf könnte man als »Seelenwanderung«, als eine mehrfache »Wiedereinkörperung« bezeichnen, aber sie findet nur auf den Stufen statt, die vor der Ausgestaltung der Menschenseele liegen. Hier werden Seelen einfacherer Wesen nach dem Absterben ihres jeweiligen Körpers über kurz oder lang mit anderen zusammengefaßt, um als

Seele eines höher gearteten Wesens erneut in einem Körper zu leben und so in unablässigem Wechsel zwischen körperlicher Gebundenheit und körperloser Freiheit aufzusteigen, bis die Form der Menschenseele erreicht ist. Nach diesem Heranreifen tritt die Seele unter die Führung eines zum Erdenleben bereiten Geistes, der ihre weitere Ausgestaltung übernimmt und sie fortan immer tiefer zu durchdringen und sich anzugleichen trachtet.

Geist und Seele bringen aus der getrennten Entwicklung in der Präexistenz ihren wesensmäßigen Anteil am Entstehen des Menschen mit. Hinzu tritt die ererbte Körperstofflichkeit, das Grundmaterial für die Bildung des Körpers, durch den allein Geist und Seele sich auf der materiellen Ebene betätigen können. Es bedarf also des Zusammenwirkens der geistigen, der seelischen und der materiellen Welt, welches jeweils eine andere Gestalt hervorbringt und damit dem Menschen seine einmalige, unverwechselbare Individualität gibt.

Das fast immer unbewußt bleibende und sich stets ändernde Zusammenspiel von Geist, Seele und Körper gestaltet das Erdenleben. Der Geist ist die Kraftquelle, denn nur er vermittelt der Körper-Seele-Einheit seines natürlichen Menschen die Lebenskraft; sonst aber tritt er zurück und kann nur wirken, soweit die Seele seinen Willen vernimmt und ihm Raum gibt. Die Seele ihrerseits steht unaufhörlich, sei es handelnd, sei es empfangend, im Austausch mit der Umwelt. Der Körper erfährt eine ganz verschiedene Wertung. Viele sehen in ihm den *ganzen* Menschen und müssen folgerichtig erwarten, daß mit seinem Tode das Menschwesen überhaupt sein Ende findet. Andere glauben in verschiedener Weise an die

Weiterexistenz des nichtkörperlichen Menschen, halten aber den Körper für endgültig abgetan. Ähnlich wertet ihn die Wiederverkörperungslehre, denn sie erkennt nicht an, daß die ererbte Körperstofflichkeit zur Individualität beiträgt, sonst könnte sie nicht erklären, der in einem neuen Körper lebende sei derselbe Mensch, der schon einmal oder mehrmals in einem jeweils anderen Körper ein Erdenleben geführt habe.

Demgegenüber ist im Kapitel »Vergeistigung der Körpermaterie« eingehend dargelegt, daß auch der Körper zur Teilnahme am weiteren Leben berufen ist. »Die Geistigkeit durchdringt auch den *Körper* des Menschen, der ein *integrierender Bestandteil* seiner Person ist, und erobert ihn für die Ewigkeit«, sagt Nicolai Berdiajew in seinem Buche »Geist und Wirklichkeit«. Diese Feststellung kann ich aus meiner Erfahrung heraus nur bedingungslos bejahen. Der vollkommene Mensch – und ein jeder von uns soll ja vollkommen werden wie der Vater im Himmel – ist erst wirklich vollendet, wenn auch der sterbliche, grobstoffliche Körper, zu Geist umgewandelt, seinem zugehörigen Innenmenschen wieder beigefügt und mit Geist und Seele im *Auferstehungsleib* zu einer Einheit verschmolzen ist. Dies ist das Ziel der Entwicklung, welche mit dem Verbundensein von Geist, Seele und Körper im Erdenmenschen beginnt, so lang auch im Einzelfall der Weg bis zu diesem Ziel sein mag.

Das ganze irdische Leben – die Handlungen, die Beziehungen zu anderen, das »Karma« einerseits, der Körper anderseits – muß vergeistigt und in den Auferstehungsleib eingebracht werden. Solange nur der kleinste wesenseigene Teil, weil noch unvergeistigt, dem Menschwesen im geistigen Dasein fehlt, ist auch die letzte Vollkommenheit noch nicht erreicht. Erst im vollendeten Auferstehungsleib kann der Mensch den ihm vorbestimmten Platz im »Corpus Christi Mysticum« einnehmen und ausfüllen.

Auf diesem Wege kann es eine wiederholte Einkörperung in einen irdischen Körper nicht geben. Nach einmaligem Erdenleben geht die Entwicklung auf jenseitigen Ebenen weiter. Hier bekommt jeder die Gelegenheit, sich mit allen Einzelheiten seines bisherigen Werdeganges auseinanderzusetzen und zu immer größerer Vollkommenheit zu gelangen.

Auch Jesus Christus hat seine Vollkommenheit erst erreicht, nachdem er seinen Leib aus dem Grabe wieder an sich genommen hatte. Was für schwere Mühen und Plagen aber dazu gehören, einen irdisch-menschlichen Körper zu Geist umzuwandeln, davon sollte jeder eine kleine Ahnung bekommen durch die ernste Betrachtung des Leidens und Sterbens, welches dem Menschen Jesus auferlegt werden mußte. Jesu Körper war sich seiner unveräußerlichen Zugehörigkeit zu seinem geistigen Innenwesen gefühlsmäßig klar bewußt, und allein schon die Aussicht auf eine gewaltsame Trennung mußte ihm unerträglich erscheinen; und überdies mußte es auch noch solch ein schmählicher, martervoller Tod sein! Kein menschliches Vorstellungsvermögen vermag auch nur annähernd zu begreifen, welche Größe und welche Qualen der Opfertod Jesu in sich schließt.

Solch große Leiden muß selbst ein starker Geist auf sich nehmen, um seinen sterblichen Körper durch die Kräfte Gottes – denn allein diese sind es, welche dieses

Werk vollbringen können – umwandeln zu lassen. Und nun sollen gerade die an geistiger Lebenskraft schwachen und darum versagenden 'Naturen – Menschen, die sich nicht haben über ihre Leidenschaften erheben können, oder solche, die am Leben verzweifeln und es sich deshalb selbst verkürzen, schwache Menschengeister, die schon in der Kindheit ihren Körper verlieren oder gar schon den ersten Keim dazu als Fehlgeburt wieder fallen lassen – gerade diese schwachen Geister sollen in wiederholten Erdenleben sich jedesmal neue Körperlichkeit aufladen? Nein, Gottes Weisheit kennt bessere und sinnvollere Mittel und Wege auch für diese Menschenkinder und führt sie nach der *einmaligen* Prüfungszeit des Erdenlebens auf jenseitigen Bahnen schließlich zu ihrem Ziel. Sie müssen Gott nur vertrauen lernen.

Dennoch gibt es ziemlich oft eine Rückkehr der abgeschiedenen Seele zur Erde, nur über die Art und Weise, wie diese sich vollzieht, befinden sich die Anhänger der Wiederverkörperungslehre in einem leicht verständlichen, aber nicht ganz belanglosen Irrtum. Den zahlreichen Verstorbenen, welche sich noch nicht von der Erde trennen können und hier weiterleben wollen, wird zwar kein Weiterleben in einem neuen eigenen Körper gestattet, wohl aber wird ihnen die Möglichkeit geboten, durch den sterblichen Organismus eines noch im Körper Lebenden – als stiller Teilhaber am Leben eines seelisch-geistig Verwandten – noch nützliche Erfahrungen hier auf Erden zu machen. Ich bezeichne diese enge seelische Verbindung als *Beigesellung*; sie bleibt gewöhnlich beiden Partnern ganz unbewußt. Ihrer Willensfreiheit wegen wird ihnen der Sachverhalt verborgen gehalten, und der

Verstorbene weiß nicht, daß er die Welt durch einen anderen Menschen hindurch erlebt, sondern glaubt sich in seinem eigenen Körper.

Stand die Seele unter dem Banne starker Leidenschaften, dann wird sie nach dem Tode häufig von ihren Begierden mit geradezu dämonischer Gewalt zur Erde herabgezogen und einem gesinnungsverwandten Erdenmenschen so eng verbunden, daß sie durch dessen Körper am Erdenleben wieder Anteil nehmen kann. In solchen und ähnlichen Fällen kann sich die Beigesellung zu einer regelrechten *Besessenheit* steigern, indem der Abgeschiedene so stark von dem körperlichen Menschen Besitz ergreift, daß er dessen Bewußtsein längere Zeit oder gar dauernd beherrscht, woraus sich ebenfalls Erscheinungen ergeben, welche auf ein wiederholtes Erdenleben zu deuten scheinen. Die Ursache solcher Erscheinungen sah auch Swedenborg in einer Beigesellung oder einer Besessenheit.

In all diesen Fällen kann es lange dauern, bis die abgeschiedene Seele erkennt, daß sie nicht mehr im eigenen Körper ist und daß sie ohne irdischen Körper weiterleben muß.* Ihr Geist aber bleibt ständig darum bemüht, ihr diese Einsicht zu vermitteln. Findet sich die Seele dann endlich bereit, die Führung ihres Geistes anzunehmen, dann wird sie von der Bindung an die Erde frei und setzt ihren Entwicklungsgang im Jenseits fort.

Ist nun der Erdenmensch, dem der Abgeschiedene beigesellt ist, bis zu einem gewissen Grade medial, so kommt es nicht gar so selten zu einem recht bezeichnenden Erlebnis, welches gewöhnlich als bündiger Beweis

---

* Vgl. Wickland, »30 Jahre unter den Toten«, Reichl Verlag, St. Goar

für ein früheres Erdenleben angesehen wird: Der Mensch kommt gelegentlich an den einstigen irdischen Heimatort seines ihm beigesellten unsichtbaren Begleiters. Dieser, durch den Anblick der heimatlichen Örtlichkeiten zu besonders reger Anteilnahme am Erleben der Außenwelt angelockt, drängt sich mit seinem Gedächtnisinhalt dem Bewußtsein des körperlichen Menschen auf und überträgt ihm – je stärker dieser medial ist, um so deutlicher – alle seine auf die Örtlichkeit bezüglichen Erinnerungen, die dann dem Menschen wie Rückerinnerungen an ein eigenes einstiges Leben vorkommen. Daß solche Erlebnisse bei Unkenntnis der wirklichen Zusammenhänge die Menschen zu der Annahme verleiten, sie hätten schon einmal hier gelebt, ist nicht verwunderlich.

Ich habe verschiedentlich Gelegenheit gehabt, Fälle nachzuprüfen, in denen von Okkultisten eine Wiederverkörperung fest behauptet worden war. Von meinem geistigen Hellgefühl habe ich mich jedesmal davon überzeugen lassen müssen, daß der lebende Mensch und die Persönlichkeit, welche sich in ihm wiederverkörpert haben sollte, zwei völlig verschiedene und voneinander gänzlich unabhängige Wesenheiten waren. Ich habe gleichzeitig aber auch festgestellt, daß zwischen beiden im Seelischen wie im Geistigen weitgehende Ähnlichkeiten bestanden.

Alle Mitteilungen aus jenseitigen Sphären, welche die Wiederverkörperung behaupten, lassen deutlich erkennen, mit welcher Zähigkeit gerade dort Irrtümer festgehalten und gehegt werden und wie ungeheuer schwer sie dort richtigzustellen sind. Man erachte es daher nicht für gar zu nebensächlich, ob der Mensch mit dieser oder jener Auffassung ins jenseitige Leben hinübertritt, weil er ja drüben gleich die Wahrheit zu schauen bekäme. Die in irgendeiner Vorliebe befangene Seele baut mit der ihr eigenen Schöpferkraft eine Traumwirklichkeit um sich herum auf, in der sie alles das bestätigt findet, was sie bisher geglaubt hat; sie bestärkt sich auf diese Weise in ihrem Irrtum und läßt sich von ihm oft lange von weiterer Entwicklung und wirklicher Einsicht abhalten. Jenen Jenseitsmitteilungen, welche die Wiederverkörperung behaupten, stehen allerdings andere gegenüber, die mit Bestimmtheit erklären, daß es eine Reinkarnation nicht gibt.

Die Wiederverkörperungslehre mag den Verstand befriedigen, welcher die Gesetze der ihm bekannten materiellen Welt auf die geistige Welt übertragen möchte, sie wird aber der tiefen Bedeutung des Erdenlebens nicht gerecht. Die Kleinstteile einer vor Urzeiten aus der unmittelbaren Gottverbundenheit »gefallenen« und zersplitterten Geistwelt nehmen als Natur- und Materiegeister am Gang der Evolution teil. Entsprechend der Starre ihres Eigenwillens haben die Materiegeister eine weit niedrigere Schwingungsfrequenz als die Naturgeister der seelischen Substanz. Anderseits haben auch fast alle Menschengeister während ihrer Präexistenz in geistigen Reichen ihre ursprüngliche hohe Schwingungsfrequenz eingebüßt, je nach dem Maße, in dem sie in Eigenliebe gerieten. So verschieden also ihr Entwicklungsstand und ihre Schwingungsfrequenz auch ist, wird Geist, Seele und Körper in der *irdischen* Verbindung zu einem drei-einigen Menschwesen der einzige Weg eröffnet, auf dem sie zu Gott zurückkehren können. Auf diesem Wege muß der

Mensch lernen, seinen Eigenwillen und seine Eigenliebe zurückzustellen und sich demütig in Gottes Willen zu ergeben.

Dazu sind, entgegen dem äußeren Anschein, Geist und Seele auch dann imstande, wenn es ihnen infolge von Gebrechen oder Krankheiten ihres Körpers verwehrt ist, das Instrument des Gehirns so zu gebrauchen wie in einem gesunden Körper. Bei Geistesschwachen und Geisteskranken spielt sich die ganze seelische und geistige Entwicklung hinter dem für uns undurchdringlichen Vorhang der Erkrankung ab; sie führt aber nach meiner Erfahrung oft schneller zur Ergebung in den göttlichen Willen als bei einem Gesunden. Mag auch dem Menschenverstand die Geburt eines lebensunfähigen oder eines für die ganze irdische Lebenszeit behinderten Kindes sinnlos erscheinen, für Gott gibt es kein »lebensunwertes« Leben. Körperliche und seelische Gebrechen sind nicht Folge des Karmas aus früheren Erdenleben, sondern Ergebnisse von Störungen in der Entwicklungsreihe von Seele und Körper, die von Gott nicht weggenommen, sondern zur Erziehung benützt werden.

Gott nimmt *alle* zu seinen Kindern an, wenn sie sich nur zur rechten Hingabe an ihn entschließen. Die rechte Hingabe an Gott ist jedoch keine leichte Kunst, und es ist jedem zu raten, sich recht bald darin zu üben. Denn wenn auch Gott – wie das Gleichnis von den Arbeitern im Weinberge uns lehrt – keinen Unterschied macht zwischen dem, der sich noch im letzten Augenblick dazu aufrafft, sie zu lernen, und dem seit langen Jahren darin Bewährten, – bevor der Mensch sie nicht wirklich gelernt hat, kann Gott sein Werk an ihm nicht tun. Die Mühen und Plagen des Lernens aber können *keinem* erspart bleiben.

Am leichtesten zu erlernen ist die rechte Hingabe an Gott im diesseitigen Leben; es sollte als einmalige Gelegenheit besonders eifrig dazu ausgenutzt werden. Was der Mensch hier auf Erden nicht lernt, das muß er im jenseitigen Leben nachholen, wo es sehr viel längere Zeit in Anspruch nimmt und sehr viel mehr Mühe und Plagen mit sich bringt. Was nach der Karma-Lehre auf eine Reihe von Erdenleben verteilt zu denken ist, das geschieht in Wahrheit an jedem Menschen nach *einer* irdischen Prüfungszeit auf jenseitigen Ebenen. Diese Periode der Erziehung und Reinigung dient dazu, dem Menschen seine Eigenliebe und seinen Eigenwillen abzugewöhnen. Danach erst kann die Liebe Gottes ihn ergreifen und an ihm eine stufenweise aufsteigende geistige Wiedergeburt wirken.

Die Wiederverkörperungslehre ist beherrscht von dem Gedanken, daß der Mensch durch eigenes Bemühen in wiederholten Erdenleben sein Wesen vom Bösen zum Guten wandeln könne und solle. Darin liegt jedoch eine gründliche Verkennung der wahren Sachlage, denn niemals kann der Mensch aus eigener Kraft eine Umwandlung seines Wesens – die Wiedergeburt von Geist, Seele und Leib – erreichen. Mein ganzes Leben hindurch erlebe ich es, daß *allein Gottes Kraft* imstande ist, das so tief gefallene irdisch-natürliche Wesen an uns Menschen zu wandeln, um vor Gott bestehen zu können. Und hätte der Mensch Tausende von Erdenleben zu leben und nützte sie alle in ernstem Bestreben, Gott näher zu kommen – aus *eigener* Kraft käme er nicht um eines Haares Breite von seiner Gefallenheit hinweg. Nur Gottes Liebe kann den Menschen erlösen und führt jeden einzelnen auf dem für ihn besten Wege in sein Reich.

Ausblick

Die Lehre Christi hat im Abendland allgemeine Aufnahme gefunden und hat hier viele Jahrhunderte hindurch für das Leben des Einzelnen sinngebende Bedeutung gehabt. Gerade im Abendland aber sind in neuer Zeit große Fortschritte in Wissenschaft und Technik erzielt worden, was dem Verstandesdenken die Vorherrschaft eintrug und die Rückbesinnung auf die anderen im Inneren des Menschen wirksamen Kräfte wenig wichtig erscheinen ließ. Letzthin gewinnt die Ansicht an Boden, daß trotz der begrüßenswerten Hebung des Lebensstandards für breite Schichten die Entwicklung in eine Sackgasse führt: Die Lebensprobleme des einzelnen sind dieselben wie in früheren Zeiten und lassen sich mit allen äußeren Errungenschaften nicht lösen. So entsteht eine immer größere Unrast, eine Sucht nach Betäubung, aber auch ein Suchen nach einem festen Halt, nach einer Antwort auf die Frage nach dem Sinn des Lebens. Weil die Menschen nicht mehr auf die Stimme in ihrem eigenen Inneren hören, erklären sie in der Ratlosigkeit ihres irdischen Verstandes, Gott sei tot. Derjenige aber, dem die Gottverbundenheit geschenkt wird, erlebt die gewaltigen inneren Wirkungen, die von Gott ausgehen, und erfährt, daß die Entwicklung von Gott vorwärts gedrängt wird. Wenn ein Zeitalter zu Ende geht, wirkt Gott so, daß äußere Ereignisse grundlegende Umwälzungen zustande bringen, die Altes forträumen und Platz für Neues schaffen. Auf diese Weise führt er die Entwicklung schneller zum Ziel, als jemals Menschen es für möglich halten, weil ihnen, dem äußeren Anscheine nach, im Gegenteil alles nach endgültigem Untergang aussieht. Ganz klar und eindeutig hat mir Gott als Ziel seines Wirkens gezeigt, daß er alle Völker, Nationen, Rassen, Religionen, Konfessionen zu einer großen Gemeinschaft zusammenführen will, in welcher die wahre Nächstenliebe walten und dahin führen soll, daß es keine Kriege mehr geben und die Menschheit glücklicher werden wird.

Es darf aber keiner glauben, die Entwicklung auf Erden werde notwendig zu diesem Ziele führen. Gott hat die Menschen in die vollkommene Willensfreiheit gestellt, sie können also auch ihren eigenen Untergang heraufbeschwören. Nur wenn sie sich seinem Einfluß besser öffnen und endlich begreifen, daß die Liebe alles ist und alles vermag, kann Gott all die jämmerlich kleinlichen und engen Schranken der Ichsucht zum Schwinden bringen und bessere irdische Verhältnisse herbeiführen.

In Jesus Christus hat die Botschaft der Liebe Gestalt angenommen. Seine Menschwerdung bedeutet für die Entwicklung und das Schicksal der Erdenmenschheit einen Wendepunkt von tief einschneidender Bedeutung. Allerdings ist die Erlösung, welche Christus gebracht hat, für das Außenleben der Welt bisher nicht wirksam geworden. Um so tiefgreifender sind hingegen ihre unsichtbaren Auswirkungen, was den Menschen von heute gar nicht so ohne weiteres bewußt wird. Was hat sich denn durch Jesu Wirken geändert?

Wie heute noch im grobstofflichen *Körper* – der Außenwelt des Menschen – die Lebensvorgänge, durch Naturgesetze gebunden, unter schicksalhaftem Zwange ablaufen und kein noch so eifriges Bemühen um Vergeistigung das Altern, den Tod und den Zerfall des Körpers aufzuhalten und zu umgehen vermag, so war vor der Zeit Christi auch des Menschen Seele – seine Innenwelt schicksalhaftem Zwange anheimgegeben und konnte kein menschliches Streben sie aus dem verhängnisvollen Banne dämonischer Gewalten befreien. Erst Christus ist über diese Herr geworden. Er hat mit Hilfe der Kraft Gottes nicht nur sein eigenes menschliches Wesen ganz aus dem Banne dieser unheimlichen Gewalten losgerungen, sondern sie für immer bezwungen, wodurch sie grundsätzlich alle Macht über die Seele verloren haben. So ist es für den wahrhaft gläubigen Christen möglich, durch ernstliche Berufung auf den Namen Jesu Christi dessen Überwinderkraft zur Abwehr und Niederhaltung der dämonischen Gewalten in sich und um sich nutzbar zu machen. Die Befreiung der Menschenseele aus ihrem Banne brachte eine grundlegende Wandlung in den seelisch-geistigen Sphären der abendländischen Menschheit zustande. Trotzdem erleben wir seit Jahrzehnten einen Rückfall in den Zustand der Zeit der noch ungebändigten Dämonen, was nur dadurch möglich geworden ist, daß durch immer größere Gleichgültigkeit gegen alles Religiöse die lebendige Kraft zur Abwehr der Dämonen nahezu geschwunden ist.

Die Zeitenwende, in welcher wir stehen, ist von unabsehbarer Tragweite. Noch ist der Kampf gegen die entfesselten Dämonen nicht entschieden und sein Ausgang für menschliches Ermessen noch ganz ungewiß. Klar und gewiß ist nur, daß die Rettung aus der Not und dem Wirrwarr der Gegenwart einzig und allein von innen her durch eine geistige Erneuerung der Menschheit kommen, aber keineswegs durch die Verwirklichung menschlicher Pläne mit äußeren Mitteln herbeigeführt werden kann. Eine geistige Erneuerung kann nur dann kommen, wenn sich immer mehr Menschen um eine wahre Vergeistigung bemühen; eine solche ist jedoch nur möglich durch Mehrung und Vertiefung der Liebe.

Diese Wahrheit hat im Bewußtsein der Menschheit von heute noch keinen festen Platz. Denn wo im allgemeinen Sprachgebrauch von Geisteskultur, geistigem Leben, geistiger Regsamkeit, Geistesarbeit, Geistesbildung die Rede ist, da meint man eine Betätigung der Kräfte und Fähigkeiten des Kopfes. Die Liebe aber ist nicht Sache des Kopfes, sondern Angelegenheit des Herzens; sie ist die innerlichste Kraft des Empfindens, nicht des Denkens. Doch auch die Fähigkeit der Verstandeseinsicht und des Denkens sind Gaben des Geistes.

Nicht zufällig spricht man vom *Licht* des Verstandes und der *Wärme* des Herzens. In diesen Wortbildern ist uns etwas erhalten geblieben von dem ursprünglichen Wissen des Menschen um die Entsprechung, welche zwischen den geistigen und irdischen Dingen und Erscheinungen bestehen, aber bei der Menschheit mehr und mehr in Vergessenheit geraten sind. Es ist die Entsprechung zur Sonne, was dieser Sprachgebrauch zum Ausdruck bringt. Was für unsere Erdenwelt die Sonne als Lebensspenderin bedeutet, das ist für die gesamte Schöpfung Gott, und das ist für den natürlichen Menschen sein individueller Geist. Die Weisheit und die Liebe Gottes haben ihr natürliches Gleichnis in dem Lichte und der Wärme der Sonne ganz ebenso wie im Erkenntnislichte und der Liebeswärme, die der individuelle Geist seinem natürlichen Menschen spendet. Am Gleichnis der Sonne und ihrer Strahlenwirkung kann auch der Verstand ablesen, in welchem Verhältnis die Erkenntnisfähigkeiten des Kopfes und die Liebesfähigkeiten des Herzens als zwei verschiedene Wesensäußerungen seines Geistes zueinander stehen.

Die Lichtwirkung der Sonnenstrahlen ermöglicht es uns, unsere Umwelt zu schauen und uns in ihr zurechtzufinden. Doch das Licht wird von der Oberfläche der Dinge zurückgeworfen, es dringt nicht in sie ein; es läßt uns die Erscheinung wahrnehmen, vermittelt uns einen Eindruck von Form und Gestalt, verrät uns aber so gut wie nichts über deren inneres Wesen. Die Wärme dagegen dringt in die Körpermasse ein und gewinnt so Anteil an ihrem Inneren. So kommen auch wir Menschen nicht durch bloßes Betrachten, Messen, Wägen, sondern erst durch *liebevolles*, teilnehmendes *Einfühlen* an das Wesen unserer Mitgeschöpfe heran. Das *Empfinden* ist also ein tiefer eindringendes Erkenntnismittel als das *Schauen* des schärfsten Verstandes.

Verfeinerung und Vertiefung des Empfindens muß die Losung werden, wenn die Menschen dem Geiste wieder näherkommen sollen. Also nicht so sehr Verstandesbildung, sondern in allererster Linie *Herzensbildung* ist vonnöten und ist der richtige Weg, auf dem der Mensch, besonders der junge, heranwachsende Mensch, einer wirklichen Vergeistigung entgegengeführt werden muß.

Die Wiedererweckung der Liebe in den Menschenherzen – nicht mehr und nicht weniger – ist der Angelpunkt der Notwende. Wie das Erkalten der Liebe in den Menschen den bösen Gewalten mehr und mehr freien Spielraum gegeben hat, so kann nur ein neues Entflammen wahrer Menschen- und Gottesliebe in den Herzen den dunklen Mächten des Bösen die Kraft wieder nehmen und zum Quell einer neuen, besseren und glücklicheren Ordnung auch in den äußeren Lebensverhältnissen werden.

Mögen auch alle Lehren und äußeren Formen, in denen das Christentum seit seinem Beginn Ausdruck gesucht hat, sich wandeln, die Liebe Gottes, die in Jesus sichtbar geworden ist, bleibt unverändert. Christus will allen Menschen helfen und in allen wiederkommen, die ihn aufzunehmen bereit sind. Der einzelne soll sich dafür durch Liebe zu Gott und den Mitmenschen öffnen, in Gehorsam zu Christi Aufforderung: »Liebet einander.«

DAS TÄGLICHE WORT und JA – ZEITSCHRIFT FÜR DYNAMISCHE LEBENSGESTALTUNG

Das Tägliche Wort ist eine direkte Übertragung des seit 1924 von Unity/Unity City herausgegebenen „Daily Word", das in einem Team spiritueller Lehrer entsteht. Wir haben mit diesen Losungen für jeden Tag des Jahres etwas, das man von seiner Qualität her, was bei Unity auch so gesehen wird, als ein „inspiriertes Wort" bezeichnen kann, das uns hilft, geleitet und getragen vom göttlichen Geist, unseren Weg durch den Tag zu gehen.

Je äußerlich unruhiger die Zeiten sind, desto wichtiger ist es für uns, eine Flamme bei uns zu wissen, ein inneres Licht, in dessen Liebe wir wandeln und Liebe, Licht und Zuversicht an andere weitergeben dürfen!

Die Zeitschrift JA ist eine Fortführung der Zeitschrift „Unity", die von 1953-1969 von Unity Europa in Bonn-Bad Godesberg herausgegeben wurde, die dann ab Herbst 1969 unter der Schriftleitung des Lebenslehrers K. O. Schmidt im Frick Verlag Pforzheim erschien, ab 2022 dann bei Reichl & Frick Verlage St. Goar.

Ab der Ausgabe JA Nr. 4, September/Oktober 2024 wurde die Zeitschrift auf eine „Neue Folge" umgestellt, d.h. der Verleger mußte sich davon überzeugen, daß die früheren Ausgaben 1969 Folgende, unter der Schriftleitung von KOS mit neueren Ausgaben von der inhaltlichen Qualität nicht übertroffen werden konnten. Daraus ergab sich eine ebenso mutige, wie letztlich folgerichtige „Entscheidung": Die ersten im Frick Verlag ab 1969 erschienen Hefte 1 : 1 nachzudrucken, neu aufzulegen. Hier werden uns die Kerngedanken von Unity von den maßgeblichen Unity-Lehrern und anderen Mitarbeitern in ihren wertvollen und zeitlosen Beiträgen übermittelt.

Der Verleger der Verlage Reichl & Frick hegt den Wunsch, diese JA-Hefte, die in den acht Jahren unter der Schriftleitung von K. O. Schmidt entstanden sind, im Rahmen eines Abonnements nach und nach vorzulegen, jeweils mit einem gesonderten Beitrag *An die Leserinnen und Leser,* natürlich auch mit einem eigenen, aktuellen Veranstaltungsteil am Schluß eines jeden Heftes. Dazu sollen am Ende eines Kalenderjahres feste Einband-Decken bezogen werden können, so daß diese JA-Hefte einen bleibenden, geordneten Platz im Regal erhalten können, als eine nie versiegende Schatzkammer wertvoller Anregungen für unsere persönliche Entwicklung, zugleich ein über die Jahre anwachsender *Grundstock der Unity-Lehre.*

Mit den beiden Zeitschriften *Das Tägliche Wort* und *JA – Zeitschrift für dynamische Lebensgestaltung* haben wir zwei großartige Periodika, die uns helfen, uns persönlich weiterzuentwickeln, das göttliche Licht in uns mehr und mehr zur Entfaltung zu bringen.

Bezugsmöglichkeiten:

Das Tägliche Wort:
Jahres-Abo: 60,– Euro/ Schweiz: 60,– CHF
Ausland (Ohne Schweiz): 70,– Euro
Als PDF: 39,– Euro / 39,– CHF

Zeitschrift JA
Jahres-Abo: 60,– Euro/ Schweiz: 60,– CHF
Ausland (Ohne Schweiz): 70,– Euro
JA Zeitschrift als PDF: 39,– Euro / 39,– CHF

Das Tägliche Wort und die Zeitschrift JA:
Jahres-Abo Inland: 90,– Euro / Schweiz 105,– CHF
Jahres-Abo Ausland: 110,– Euro

Das Tägliche Wort oder die Zeitschrift JA:
Einzelheft, sofern lieferbar: 9,– Euro/ Schweiz: 11,00 CHF

Bestellung: Durch Mitteilung an die Sandila GmbH
E-mail an Frau Monika Regel: *aboservice.tw-ja@sandila.de*
Per Post: Sandila GmbH, Sägestr. 37, 79737 Herrischried
Per Tel. 07764-93970 oder per Fax: 07764-9397 39

Noch einfacher durch direkte Überweisung an die:
Sandila GmbH (Bank: Sparkasse Hochrhein)
IBAN: DE38 6845 2290 0036 0180 18 / BIC: SKHRDE6WXXX
PayPal: *gerlinde.gloeckner@sandila.de*
Bitte geben Sie bei Ihrer Überweisung oder PayPal-Zahlung an: Name und Anschrift, und den Namen der Zeitschrift, die Sie verlängern oder neu abonnieren möchten – vielen Dank!

Preisänderungen vorbehalten!

REICHL & FRICK VERLAGE · D-56329 ST. GOAR
Tel. 06741-1720 · Fax 06741-1749 · E-mail: info@reichl-verlag.com

Theodor Stöckmann

DIE NATURZEIT

Der Schlaf vor Mitternacht als Kraft- und Heilquelle

Wer es nicht selbst ausprobiert hat, kann es sich nicht vorstellen: Es gibt tatsächlich eine für den Schlaf des Menschen optimale Zeit. Dies ist die sogenannte Naturzeit, die, je nach Breitengrad des Wohnortes, etwa kurz vor 19:00 Uhr beginnt.

Der Mensch, der so früh zu Bett geht, wacht in aller Regel ganz von selbst gegen 23:20 wieder auf, ist putzmunter und voll leistungsfähig.

Diese Schlafzeit ist gleichzeitig ein kostenloser Heilbalsam für den ganzen Körper, so daß allein durch Beachtung der Naturzeit vegetativ Gestörte und Geschwächte, die anderweits keine richtige Erholung mehr finden (Burn-out-Syndrom!), wieder vollständige Wiederherstellung und Genesung erlangen können.

Der Tiefbauarbeiter Hans Flossbeck schreibt 1937 im Wendepunkt: „Ich bin längere Zeit arbeitslos gewesen. Im März vergangenen Jahres wurde ich nun wieder in den Arbeitsprozeß eingereiht und ich freute mich sehr darüber. Aber bald kam neue Sorge: Früher hatte ich nämlich nur körperlich leichte Beschäftigung, aber nicht Schwerarbeit geleistet. Jetzt mußte ich neun Stunden hintereinander im Tiefbau hacken und schaufeln. Müde und zerschlagen schlich ich mich abends nach Hause.

Ich gewöhnte mich zwar einigermaßen an die neuen Arbeitsverhältnisse, aber ich war doch Tag für Tag so abgespannt, daß ich nach der Arbeit nicht mehr imstande war, nachzudenken oder ein Buch zu lesen.

In einer Stunde ruhiger Selbstbesinnung wurde mir klar, daß das so nicht mehr weitergehen durfte. Da fiel mir ein Artikel von Prof. Stöckmann über den Naturschlaf im Märzheft 1936 der Neuform-Rundschau ein. Nach dem alten Spruch ‚Frisch gewagt ist halb gewonnen‘ stellte ich meine Tageseinteilung vollständig um.

Dem Schlaf gebe ich die Zeit von 19.00 Uhr abends bis 23:30 Uhr nachts. Eine halbe Stunde vor Mitternacht beginnt dann für mich der neue Tag. Zuerst eine kalte Abwaschung mit leichter Tiefatem-Bewegung, und mit wohliger Lockerung und Entspannung des Körpers. Nachher mache ich mich gleich an meine Studien und hatte dafür Zeit bis 5 Uhr morgens. Ich bin immer wieder erfreut, wie da die Zeit ausgibt, und was sich in den Stunden tun läßt. [...]“

142 Seiten, Abb., kart.
Auch: Hefte mit 32 oder 16 Seiten

K. O. SCHMIDT

NEUE LEBENSSCHULE I–III

In einem Jahr ein neuer Mensch lautet das Motto der 3-bändigen Lebensschule von K.O.Schmidt. Praktisch in 52 Wochenlektionen gegliedert, geht sie von dem Grundsatz aus, daß alle Fähigkeiten und Kräfte, das Leben glücklich und erfolgreich zu gestalten, bereits in uns angelegt sind. Durch einfache, aber sehr wirksame Hilfsmittel können wir unsere potentiellen Möglichkeiten entfalten und zu einem Teil unseres alltäglichen Lebens machen, so daß wir selbst über unser Schicksal bestimmen.

Zum ersten Mal werden in dieser Ausgabe die Lebensweisheiten und Erfolgsrezepte, die bedeutende Persönlichkeiten zu allen Zeiten angewendet haben, in einem Jahreskurs zusammengefaßt.

Band I „In Dir ist die Kraft“ beschäftigt sich vor allem mit der Entwicklung der eigenen Persönlichkeit und leitet dazu an, durch die praktische Umsetzung der dynamischen Lebensgesetze verborgene Fähigkeiten zu aktivieren. Band II „Die Macht der Persönlichkeit“ stellt unsere Beziehungen zu unserer Umwelt und unseren Mitmenschen in den Mittelpunkt. Unsere Anziehungskraft, Harmonie und Erfolg sind durch die Lebensschulung bewußt zu beeinflussen.

Band III „Die schöpferischen Kräfte“ ergänzt und vertieft durch Ratschläge für den Weg von der Selbsterkenntnis zur Selbstverwirklichung und die Aktivierung der Tiefenkräfte das Wissen und die Erfahrung einer zutiefst schöpferischen Lebenskunst.

Band I 412 Seiten, brosch. oder Hln
Band II 384 Seiten, brosch. oder Hln
Band III 384 Seiten, brosch. oder Hln

Band I-III zus. broschiert ISBN 978-3-87667-174-1
Band I-III zus. Halbleinen ISBN 978-3-87667-164-2

LEUCHTERBÜCHER

FELIX SCHMIDT (HRSG.) · DER EREMIT
Erlebnisse in der Schule der Weißen Bruderschaft im Himalaya
204 S., Leinen

K. O. SCHMIDT · DER GEHEIMNISVOLLE HELFER IN DIR
Gibt es ein „inneres Heinzelmännchen" in uns, das nur darauf wartet, von uns angesprochen zu werden?
282 S., kart.

K. O. SCHMIDT · NEUE LEBENSSCHULE
Eine nach Wochenlektionen aufgebaute Schulung der Persönlichkeit – von einem wahren Könner der Lebens- und Erfolgspsychologie
Je Band ca. 380 Seiten, kart, Band I-III

EVA HERRMANN · VON DRÜBEN I
Botschaften, Informationen, praktische Ratschläge. Mit einem post-mortem Nachwort von Thomas Mann
192 Seiten, Leinen

EVA HERRMANN · VON DRÜBEN II
Weitere Mitteilungen und Gespräche
Zeugnisse von C. G. Jung, Sigmund Freud, Aldous Huxley,Teilhard de Chardin, Winston Churchill, u. a.
248 Seiten, Leinen

THEODOR STÖCKMANN · DIE NATURZEIT
Der Schlaf vor Mitternacht als Kraft- und Heilquelle
144 S., kart. / auch Heft mit 32 S. oder 16 S.

ANNEKATRIN PUHLE · MIT GOETHE DURCH DIE WELT DER GEISTER
Eine umfassende, spannend zu lesende Einführung
Zusammenfassung der 4bändigen Studienausgabe
384 S., Hln.